교회 내 갈등

박혜성 목사 | 지음

■ 소망과 감사

　새벽 제단 앞에 무릎 꿇고 간구하듯 간절하고 절박한 심정으로 이 책을 내놓는다. 책을 쓰는 동안에도, 그리고 펜을 놓고 난 후에도 많이 망설였던 것은 두 가지 이유 때문이었다.

　첫 번째 이유는 나 자신의 경험과 이곳저곳에서 모은 지식의 조각들이 내가 당한 것과 비슷한 문제, 곧 교회 갈등과 분쟁으로 고통당하는 목회자들과 성도들에게 얼마나 도움을 줄 수 있을까 하는 의문이 있었기 때문이다. 무엇보다도 나의 개인적 경험이나 지식을 다른 현장에 일반화(generalization)시키기 위한 학문적인 타당성(validity)에 대해 확신이 서지 않았다.

　그러나 우리를 각기 다르게 창조하시고 각기 다른 환경 가운데서 훈련시키시는 하나님께서는 아무리 시대가 바뀌고 상황이 달라져도 변하지 않는 동일한 분이라는 확신이 들었다. 그러하기에 '영원불변하시고 신실하신 하나님의 영, 곧 진리의 성령님께서 이 책을 읽는 모든 독자들의 필요에 따라 책의 내용을 유익하고 복되게 적용시켜 주실 것임을 확신한다.

　두 번째 이유는 이 책이 그릇된 방향으로 활용될 가능성 때문이다. 교인이 이 책을 들고 목회자를 찾아가서 "목사님! 이 책을 꼭 보시고 목사님의 문제점을 찾으시길 바랍니다" 하고 힐난한다든지, 어떤 목회자가 "장로님! 이 책에 장로님이 가진 문제점과 우리 교회의 잘못이 다 기록되어 있습니다" 하고 읽기를 요구한다면, 과연 이 책을 통하여 교회 갈등이 극복되고 해결될 수 있을까 하는 의문이 강하게 밀려왔다. 그러나 여가에도 선용과 악용이 있을 수 있고, 과학 기술도 선용과 악용이 있을 수 있듯이, 성령님께서 이 책을 읽는 독자의 마음마다 기름 부으셔서 두 가지 가능성 중에 좋은 쪽으로 역사하시길 기도할 뿐이다.

이 책에 나오는 갈등의 사례들이 실존하는 이웃 교회나 우리 교회의 이야기처럼 느껴질 수도 있다. 왜냐하면 많은 교회들이 비슷한 문제에 부딪혀서 좌절하고 고민하고 있기 때문이다. 단지 어떤 측면에서 관찰하고 기술했느냐에 따라서 이 책에서 제시된 내용과 독자들의 생각이 다를 수도 있을 것이다. 어떤 독자에게는 불편함을 줄 수도 있을 것이다. 그러나 가급적이면 나를 포함해서 모든 목회자들이 자신을 성찰하고 깨닫는 데 도움이 되는 방향에서 문제를 파악하고 기술하려고 노력했다. 그러나 성경의 가르침에 벗어나지 않기 위해서 균형을 잡는 것을 또 하나의 표준으로 삼았다.

이 책을 위해 처음부터 끝까지 내 마음을 주장하신 성령 하나님께 감사와 찬양을 드린다. 그리고 가까이서 마음을 쓰며 격려해 준 사랑하는 아내와 아들 성범, 성훈이, 나보다 더 이 책의 출간을 기다려 준 김재영 집사님 내외, 오자와 문장을 잡아준 아우 혜진과 영미, 이 책을 쓰는 일에 직간접적으로 힘이 되어 주셨던 육종익 장로님, 이영선 장로님, 이은실 장로님 가정에 고마움을 표한다. 무엇보다 졸저를 출간할 수 있도록 믿음으로 결정하시고 도와 주신 나침반출판사 대표님과 직원 여러분께 감사를 드린다.

또한 글을 쓰는 일에 늘 정신적인 도움을 베풀어 준 사랑하는 뉴올리언스 제일장로교회 교우들에게 감사를 드린다. 가장 고통스러운 교회 갈등의 시간을 지나는 동안 나의 눈물의 동역자들이 되었던 이들의 얼굴들을 기억하며, 그들의 숨은 기도의 은혜에 오히려 입을 봉할 뿐이다.

박혜성 목사

Contents

- 소망과 감사 … 3
- 서문 … 9

01 갈등의 원인을 찾아라 … 19

1. 급격한 양적 성장 19
2. 담임 목사의 교체에 따른 불협화음 26
3. 반복된 갈등으로 인해 쌓인 불신 32
4. 문화적 충돌 37
5. 리더 간의 성격 차이 43
6. 목회자, 또는 교인들이 안고 있는 상처 49
7. 목회자의 리더십 부재에 따른 사역자 간의 불협화음 56
8. 소명의식과 주인의식의 혼동 62
9. 전투하는 지상교회에 찾아온 사단의 공격 67
10. 목회자의 영적 미성숙과 탈진 73

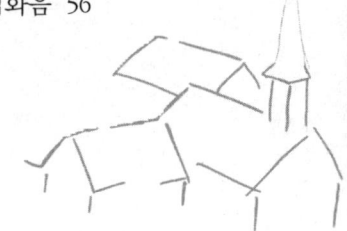

02 예방과 극복을 위한 교육과 훈련 … 77

1. 다양한 성격 79
2. 상한 마음의 치유 100
3. 올바른 교회관 106
4. 성경적 리더십 117

03 갈등의 단계와 목회 전략 … 121

1. 1단계: 어느 의견이 나은가 하는 문제로 인한 갈등 124
2. 2단계: 누구의 의견이 옳은가 하는 문제로 인한 갈등 129
3. 3단계: 누구의 의견이 신앙적인가 하는 문제로 인한 갈등 136
4. 4단계: 누구의 의견이 마귀적인가 하는 문제로 인한 갈등 140

04 갈등을 부흥의 불씨로 바꾸기 위한 전략 … 145

1. 교회 갈등에 대한 일반적인 반응들 145
2. 어떻게 교회 갈등에 대처해야 하나? 149

05 잿더미 위에서도 부흥의 소망은 있는가? … 165

1. 포기할 수 없는 나의 주 그리스도 180
2. 회복에 대한 소망과 믿음 185
3. 우리에게 맡기신 새로운 사명 187

■ **맺는말**
교회 갈등을 부흥의 불씨로 만들라
(Turning the Church Conflict into a Revival) 190

내 형제들아 너희가 여러 가지 시험을 만나거든

온전히 기쁘게 여기라

이는 너희 믿음의 시련이

인내를 만들어 내는 줄

너희가 앎이라

인내를 온전히 이루라

이는 너희로 온전하고 구비하여

조금도 부족함이 없게 하려 함이라.

-야고보서 1장 2~4절-

■ 서문

우리가 잘 알고 있는 마태복음 18장 20절은 "두세 사람이 내 이름으로 모인 곳에는 나도 그들 중에 있느니라"라고 말씀하고 있지만, 그에 반해 이런 말도 할 수 있다.

"두세 사람이 주님의 이름으로 모인 곳에는 필연적으로 갈등과 분쟁이 있다."

이 말이 사실인가? 나는 그렇다고 확답할 수 있다. 왜냐하면 하나님께서는 갈등과 분쟁의 어려움을 통하여 사랑하는 자녀들을 훈련시키시며 궁극적인 선을 이루시기를 원하시기 때문이다. 그래서 교회가 갈등과 분쟁을 필연적으로 경험하게 되어 있다. 그렇게 볼 때 교회 갈등은 하나님의 섭리 가운데 한 부분이라고 할 수 있다.

교회 갈등에 관한 책을 쓰기 시작하면서 가장 중요하게 생각한 주제이자, 결론으로 다룬 주제는 "하나님의 섭리와 주권에 대한 인식과 믿음"이다. 하나님께서는 교회가 지닌 모든 약함과 부족함, 심지어는 불순종과 범죄까지도 사용하셔서 궁극적인 선을 이루어 나가신다. 이렇게 볼 때 참된 교회의 부흥은 교회 갈등과 분쟁, 또는 약함을 통해서도 이루어질 수 있다.

이 시대의 가장 영향력 있는 저술가 중 한 사람인 필립 얀시의 글을 읽어보면, 그의 세계관을 이렇게 정리할 수 있다.

"하나님께서는 세상을 좋게 창조하셨는데 인간의 죄 때문에 오염되었으며, 그렇게 오염된 오늘의 세상은 회복, 곧 구속의 대상이다."

그의 세계관으로 본다면 지상 교회, 곧 불완전한 이 땅의 교회도 같은 맥락에서 볼 수 있다. 죄로 오염되어서 불완전한 이 땅의 교회를 하나님께서 회복시키시며 구속하시는데, 특별히 갈등과 분쟁이라는 도구를 사용하셔서 그렇게 하신다는 것이다. 이것이 하나님의 지혜요 섭리이다. 이에 대한 믿음이 교회 갈등을 부흥의 불씨로 바꾸시는 하나님의 손길을 경험하기 위해 꼭 필요한 요소이다.

환상 버리기

우리는 교회를 말할 때 흔히 이상적이고 환상적인 교회의 모습을 연상한다. 우리가 꿈꾸는 이상적인 교회는 거룩한 백성들이 모여서 거룩한 공동체를 건설하는 그런 그림이다. 그래서 교회에서 갈등이나 분쟁이 일어날 때 일반적으로 나타내는 반응은 "아니, 하나님의 자녀들이 모인 교회에서 어떻게 이런 일이 일어날 수 있는가?"이다. 그 결과, 교회에 대해 실망과 회의를 품게 된다. 그리고 많은 신자들이 하루는 냉소주의자나 무관심주의가 되었다가 그 다음날에는 불평분자, 비판주의자가 되어서 불행하고 힘겨운 교회생활을 해나간다.

인정할 수밖에 없는 진실은 교회라고 해서 갈등과 분쟁에서 제외되는 것은 아니라는 사실이다. 목회자가 얼마나 헌신적이며 성도들이 하나님의 나라 확장을 위해 얼마나 애쓰는가에 관계없이 교회에는 갈등이 존재하기 마련이다.

첫 번째 이유는 교회에 부름을 받아 모여든 개개인들이 아직 완전히 거룩하게 변화된 것이 아니라 변화되는 과정에 있기 때문이다.

두 번째 이유는 교회에 알곡과 가라지가 함께 섞여 있기 때문이다. 그래서 종종 교회를 병원이라는 표현하곤 한다. 그렇다. 교회는 단순한 병원이 아니라 종합병원이다. 온갖 종류의 환자들이 다 모여 있는 종합병원이다. 아직도 치료를 받고 있는 연약한 자들이 모여 있는 곳이다. 그래서 지상 교회는 불가불 갈등과 분쟁을 하나의 특성으로 가지고 있다고 해도 과언이 아니다. 교회의 역사를 한번 돌이켜 보라. 갈등과 분쟁의 역사가 교회의 발자취였다.

교회 갈등이 더 복잡하다

교회 갈등은 여러 가지 형태로 나타난다. 남 이야기로 시작된 험담이 전체 교회에 영향을 끼치는 독소로 퍼져나가는 경우가 있는가 하면, 목회자와 장로들, 또는 평신도 지도자들 간의 이견이 사랑과 협력관계를 파괴하면서 급기야는 교회의 리더십을 송두리째 마비시키는 상황으로 발전하기도 한다. 교회 부서 간의 비효율적인 관계가 교회의 사역을 절뚝거리게 만들기도 하고, 교우들의 사업상의 이해관계가 교회 안에까지 침투해서 교회 갈등과 분쟁을 일으키기도 한다.

어떤 형태의 갈등이든지 올바르게 해결되지 않으면 신앙과 관계된 영적인 문제로 확대되어서 결국은 교회 전체에 영향을 끼치게 된다. 교회의 이러한 갈등은 종종 다른 조직이나 단체들이 경험하는 갈등보다 훨씬 강력하고 파괴적으로 나타나곤 한다.

왜 그럴까? 그 이유를 살펴보면, 교회 갈등이 나타날 때 자신의 믿음과 자기 의를 기준으로 판단해서 상대방의 동기를 신앙적으로 불순하게 생각하고 쉽게 정죄하기 때문이다. 그래서 교회 갈등이 심화되면 자기만 성경의 진리를 파수한다는 입장에 서 있고 상대방은 비성경적이고 죄악 덩어리이고 사단의 하수인이라고 단정해버린다.

흑백이라는 양극단

물론 교회 갈등에는 양보할 수 없는 진리의 문제들도 있다. 그러나 많은 경우, 사소한 의견 차이와 감정대립이 진리 문제로 확대되고, 그것이 교회의 전체의 문제로 증폭되는 형태를 보인다. 이러한 교회 갈등에는 종종 흑백논리가 강하게 작용한다. 그런데 이 흑백논리는 서로의 차이를 극대화시켜서 양보할 수 없는 극단적인 입장을 취하게 만든다. 그렇게 되면 타협이나 화해는 불가능해지고 마는 것이다.

그 결과, 교회 갈등은 '이기느냐 지느냐' 라는 두 가지 선택밖에 남아 있지 않게 된다. 이긴 쪽은 하나님이 자신들 편이고 믿음으로 승리했다고 자부하게 되고, 진 쪽은 분노에 가득 차서 뒤로 물러나 있든지 격앙된 감정을 품고 교회를 떠나는 것으로 끝을 맺게 된다.

그러한 모습은 주님께서 우리에게 하신 말씀(요 17:23)에 정면으로 배치된다. 세상이 교회를 보고 하나님의 사랑을 깨닫는 것이 아니라, 오히려 교회 다니는 사람들은 싸움만 일삼는 속 좁은 사람들이고 입으로만 사랑과 긍휼과 용서를 외치는 위선자로 인식해버리는 것이다.

테스트

통계를 보면 미국 교회의 경우 매달 약 1,500명의 목회자가 교회를 떠나는데, 그 중 43퍼센트(645명 정도)가 교회 분쟁을 경험했다고 한다. 그렇다면 한국 교회의 상황은 어떨까? 전반적인 연구조사나 통계 자료가 없어서 단언할 수는 없지만, 한국 교회의 경우에 목회자가 교회를 옮기는 비율이 그보다 높으면 높았지 낮지는 않을 것이라고 생각한다.

이렇게 목회자들까지 시험에 빠뜨리는 바람직하지 못한 교회 갈등이나 분쟁이 하나님께서 교회, 즉 신자들을 변화시키시고 영적으로 자라게 하시려고 허락하시는 시험의 하나라는 것은 이해할 수 없는 아이러니가 아닐 수 없다. 그러나 이러한 시험에 교회가 어떻게 반응하느냐에 따라서 갈등이 더는 나쁜 방향으로 증폭되지 않도록 막을 수도 있고, 반대로 더 파괴적이고 해로운 상황으로 치달을 수도 있다. 그러므로 교회는 이러한 갈등을 미리 예견하고 지혜롭게 대처할 준비가 되어 있어야 한다.

교회 갈등에 대한 올바른 반응은 교회의 바른 책임의식에서 시작된다. '책임(responsibility)'이라는 단어는 '반응(response)'과 '능력(ability)'의 합성어이다. 곧 교회를 훈련시키시고 성도들을 하나님의 성품을 지닌 자녀로 만드시려는 그분의 뜻에 반응하는 능력, 이것은 교회의 바른 책임의식에서 비롯된다.

갈등을 기회로

교회 갈등에 대한 올바른 대응 방법을 미리 준비한다는 것은 바울이 로마서 14장 19절에서 지적한 대로 "화평의 일과 서로 덕을 세우는 일에 힘을 쓰는 것"을 말한다. 더 정확히 표현하자면, 교회는 '갈등에 대한 준비와 대책'도 교회 사역의 하나로 여겨야 한다는 것이다. 이것은 넓게 보자면 말씀을 바르게 가르치는 일부터 시작해서 화평을 이루는 기술과 원리에 대한 교육, 그리고 무엇보다 '평안의 매는 줄로 성령의 하나 되게 하신 것을 힘써 지키기' 위해(엡 4:3) 모든 노력을 다하는 자세를 개발하는 것까지 포함한다.

우리는 교회 갈등을 기회로 볼 수 있어야 한다. 교회 갈등이 어떤 중대한 죄에서 기인하기도 하고, 또는 인간관계 속의 사소한 불편함에서 시작될 수도 있다. 그러나 하나님께서는 그 모든 것을 이용하여 선을 만들어가실 수 있는 분이시다.

바울은 실제로 고린도전서 10장 31절부터 11장 1절까지 말씀에서 갈등이 세 가지 기회를 가져온다고 말하고 있다. 하나님께 영광을 돌리는 기회, 이웃을 섬기는 기회, 그리고 주님을 닮아 가는 기회이다.

따라서 교회 갈등이나 분쟁이 발생했을 때 무조건 그 갈등에서 뛰쳐나와 어려움을 모면하려는 소극적인 자세보다는, 잠시 한 걸음 물러나서 현재 당면하고 있는 갈등이나 분쟁을 통하여 무엇을 배울 수 있으며, 하나님께서 이 일을 통하여 무엇을 가르치려고 하시는 것인지를 곰곰이 생각하는 자세가 필요하다.

다르다 / 틀리다

바울이 고린도교회 성도들에게 하나님의 영광을 위해 살라고 했을 때는 단순히 주일 아침에 한 시간 예배드릴 때만 그렇게 살라는 뜻이 아니었다. 삶의 모든 순간에 그렇게 살라는 것이다. 그러므로 그들이 당시 경험하고 있는 어려움, 고통, 즉 교회 갈등을 통해서도 하나님께 영광을 돌려야 한다고 권면한 것이다. 그렇다. 우리는 교회 갈등 가운데서도 하나님만을 신뢰하고 복종하며 그분을 닮아 감으로써 하나님께 영광을 돌릴 수 있다.

이 책은 이러한 전제 위에서 탄생했다.

첫 번째 장에서는 갈등의 일반적이고 가장 보편적인 원인들을 진단, 분석하고(왜 갈등이 일어나는가에 대한 일차적인 해답들을 제시하려고 했다), 나의 체험과 동역자들의 사례들을 소개했다.

두 번째 장에서는 '다르다(be different)'와 '틀리다(be wrong)'의 차이를 구분하지 못하는 인식의 혼란 때문에 비롯되는 교회 갈등들이 어떠한 적극적인 교육을 통하여 건설적으로 극복될 수 있는가를 다루었다.

세 번째 장에서는 교회 갈등이 어떤 단계를 통하여 발전하며 어떠한 형태로 나타나는가에 대해서 기술하였다.

네 번째 장에서는 교회 갈등을 어떻게 부흥의 불씨로 변화시킬 수 있는가에 대해, 개인적 훈련 및 신앙의 공동체로서 교회적 전략을 단계별로 다루었다.

마지막 장에서는 이미 분쟁으로 만신창이가 된 교회나 목회자, 그리고 교인 개개인에게도 소망은 있는가, 있다면 마침내 승리를 거머쥘 수 있는 방법은 무엇인가 살펴보았다.

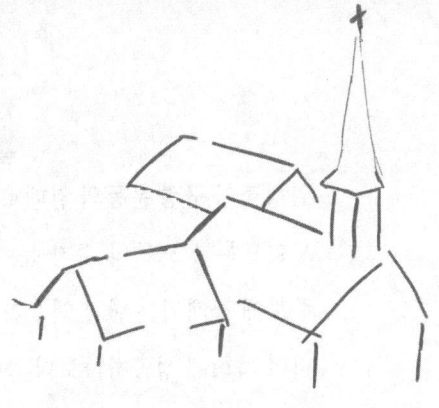

Chapter 1

갈등의 원인을 찾아라

1. 급격한 양적 성장

교회 성장에 관한 이야기를 나누다보면 이런 이야기를 자주 듣는다.

"일반적으로 교인 수가 약 100명을 넘을 때 몸살을 앓고, 150명과 200명으로 성장하는 과정에서 또 한 번씩 어려움을 겪는다."

얼마나 정확한 통계에 근거를 둔 분석인지는 알 수 없으나, 실제로 갈등과 분쟁의 문제는 숫자에 관련된, 혹은 역학적인 기능에서 오는 문제라기보다는 교회의 양적인 부흥이 건강하게 이루어지지 않았을 때 발생하는 문제로 보아야 한다.

목회 성공 증후군

급속한 양적 성장은 모든 목회자와 교인들의 바람이다. 양적 성장을 열정적인 구령 운동의 열매로 평가할 수 있기 때문이다. 그래서 교회에 모여드는 성도들의 수가 눈에 띄게 증가하고, 찬양대 수가 늘어나고, 주보에 공개되는 헌금 액수가 크게 늘어나면 많은 목회자들이 '내가 드디어 목회에 성공하나보다' 하고 생각한다. 그리고는 같은 지역에 있는 다른 교회와 비교하면서 스스로 만족감에 빠져든다. 자신도 모르는 사이에 '목회 성공 증후군' 에 빠지게 되는 것이다.

그러나 급속한 양적 성장은 종종 격렬한 교회 분쟁과 갈등으로 변하는 경우가 있다.

왜 그런가? 그 이유를 알려면 다음 두 가지 질문을 진지하게 생각해봐야 한다.

첫째, 교회 성장이 하나님께서 기뻐하시는 방법으로 이루어지고 있는가?

대부분의 경우, 교회의 양적 성장은 구령 운동을 통해 믿음의 길로 들어선 새 신자들을 양육함으로써 이뤄지는 성장이 아니다. 타교회의 분쟁의 결과로 양분된 교회 교인들의 수평 이동, 아니면 신도시 건설이나 새롭게 확장되는 도시계획에 의해서 한 지역으로 이전해 들어오는 신자들로 교회 성장이 이루어지는 경우가 많다. 그런 경우에는 급속한 양적 성장이 오히려 교회 갈등의 원인이 되는 경우가 빈번하다. 이미 갈등이나 분쟁을 경험함으로써 바르지 못한 교인상(像)을 습득한 교인들이 다른 교회로 옮긴 뒤에 전 교회에서 믿음으로 극복하지 못했던 문제를 새로운 교회에서 일으키는 경우가 많기 때문이다.

둘째, 교회의 양적 성장에 상응하는 제자훈련이 이루어지고 있는가?

양적 부흥에 상응하는 질적 부흥이 함께 일어나고 있는지 살펴야 한다. 대부분의 경우, 교회가 양적으로는 크게 성장했지만 질적으로는 성장하지 못했을 때 걷잡을 수 없는 소용돌이에 휘말린다. 교인 수가 늘고 외적인 성장이 찾아올 때 종종 잊어버리는 진리가 있다. 주님께서는 양(quantity)보다 질(quality)에 관심을 가지고 계시다는 사실이다. 기드온의 삼백 용사를 보라. 하나님께서는 지금도 오합지졸의 삼만 이천 명보다는 준비된 삼백명을 찾으신다. 그러나 목회자들은 숫자에 쉽게 동요되어서 그것을 목회의 성공이나 자랑으로 여기는 경우가 많다. '큰 교회 목회자' 라는 단어가 목회자와 성도들 사이에 존경과 흠모의 대상이 된 지 이미 오래이다. 사단은 이러한 현상을 교묘하게 역이용한다.

물론 양적 성장이 모두 위험하다는 것은 아니다. 분명히 교회는 양적으로 크게 성장하며 부흥해야 한다. 사도행전에 나오는 초대교회의 부흥을 보라.

"그 말을 받는 사람들은 세례(또는 침례)를 받으매 이 날에 제자의 수가 삼천이나 더하더라"(행 2:41).

"하나님을 찬미하며 또 온 백성에게 칭송을 받으니 주께서 구원받는 사람을 날마다 더하게 하시니라"(행 2:47).

이러한 급속하고 엄청난 양적 성장이 초대교회에 분명히 나타났다.

그런데 그 배경에 말씀과 기도의 영적 훈련과 성령 충만의 역사가 있었다는 사실을 놓치지 말아야 한다.

"저희가 사도의 가르침을 받아 서로 교제하며 떡을 떼며 기도하기를 전혀 힘쓰니라"(행 2:42).

교회 갈등으로 이어지기 쉬운 양적 부흥의 위험에 대해 론 스색 박사는 "철저한 제자훈련의 뒷받침이 없이 이루어지는 급속한 교회 성장은 사단에게 트로이 목마를 제공하는 꼴이다"라고 지적했다. 올바른 신앙교육이나 제자훈련 과정을 거치지 않은 교인들이 교회에 자리를 잡고 다양한 위치에서 교회를 섬기다가 서로 다른 의견들이나 가치관으로 인해 갈등이 발생할 때 주님께서 교회에 주신 목회자의 권위를 쉽게 거스르며 대항하는 입장에 서기 때문이다.

이러한 점에서 볼 때 목회자는 교회의 양적 성장을 뒷받침할 수 있는 다양한 영성 훈련을 제공해야 한다. 그렇다. 교회가 양적으로 급속하게 성장하고 있다면 그 양적 성장을 뒷받침하는 말씀과 기도 훈련이 올바로 시행되고 있는지 점검하라. 교회의 양적 성장과 질적 성장은 교회가 힘 있게 창공을 향해 날아 오르기 위한 두 날개이다. 복음 전파를 통한 하나님 나라의 확장을 위해서는 어느 한쪽의 날개라도 부실해서는 안 된다. 한쪽 날개가 부실하면 교회는 정상적인 사명을 수행할 수 없다.

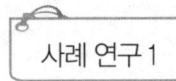
사례 연구 1

한국인들이 약 3,000명 거주하는 미국 동부 지역의 한 교회

이 지역에는 12개의 한인교회가 있었다. 개척한 지 5년 남짓 된 장로교회에 새로운 목회자가 부임했다. 새로 부임한 K 목사는 유학생으로 미국에 건너와서 이공학부 박사 과정을 공부하던 중 하나님의 부르심을 받고 신학을 공부해서 목사 안수를 받았다. 30대 중반에 부르심을 받아 신학수업을 마치고 이 교회를 첫 목회지인 이 교회에 부임했을 때는 막 40대에 들어섰을 때였다. 그토록 사모하던 복음 증거자, 설교자로서 사역을 시작한 K 목사는 불같은 열정을 가지고 목회 사역을 힘 있게 시작했다.

K 목사는 교회의 사명 가운데 가장 중요한 것이 말씀 선포와 진리 파수라는 목회철학을 가지고 있었기에 말씀 선포를 사역의 최우선 순위에 두었다. 주일예배와 수요예배 등 교회의 모든 정기적인 예배의 중심은 당연히 말씀 선포였다. 신선하고 감화력 있는 K 목사의 설교에 교인들은 큰 감동을 받았고 교회 성장의 비전을 함께 나누었다.

매주 강단에서 쏟아지는 설교는 카세트테이프를 통해 서서히 그 지역으로 퍼져나갔다. 설교 테이프는 지역사회의 많은 한인들에게 복음을 힘 있게 전하는 도구가 되었다. 그의 설교는 믿지 않는 불신자보다는 이미 믿음을 가지고 교회생활을 하고 있든지, 아니면 예수님은 믿지만 교회생활을 하고 있지 않던 한인들에게 훨씬 더 많은 감화력과 영향력을 끼쳤다.

그 결과, 신앙생활을 하다가 여러 가지 이유로 쉬고 있었던 한인들이 일차적으로 그 교회에 출석하기 시작했으며, 다른 교회 교인들도 말씀의 은혜를 사모하여 이 교회로 적을 옮기는 일이 늘어나기 시작했다. 교회가 좋게 소문이 나면서 사람들이 모여들자 K 목사는 이민생활에서 받는 부담감과 스트레스를 덜어 주고 편하고 기쁘게 교회생활을 할 수 있도록 배려하는 것이 이민교회에 적합한 목회라 생각했다. 그래서 새벽기도회를 없애고 각자 집에서 하는 큐티 시간으로 대치하게 했고, 공식적인 예배는 주일 오전 예배와 수요 예배 두 번으로 줄였으며, 두 주에 한 번씩 모이는 구역 모임을 한 달에 한 번씩 모이는 것으로 바꾸었다.

K 목사가 처음 이 교회에 부임했을 때 교인 수가 약 30명이었는데, 2년이 지나면서 80명으로 2.5배의 성장을 했고, 3년이 지나면서는 처음 교인의 5배인 150명이 모이는 교회로 괄목할 만하게 성장했다. 그 지역에서 소문난 교회, 다른 교회가 부러워할 만한 교회가 된 것이다.

그런데 연말에 새해 예산을 세우고 심의하는 공동의회에서 의견 충돌이 일어났다. 선교 예산과 목회자 사례비 예산을 얼마만큼 책정하느냐를 놓고 상반되는 의견이 나왔다. 결국 극심한 의견 대립이 생겨 진통을 겪게 되었고, 예산안은 어렵게 통과되었지만 이 일로 인해 목회자와 교회는 많은 상처를 입었다.

그 일을 시작으로 매월 제직회에서 여러 가지 행정적인 문제들로 인해 언성이 높아지는 등 불협화음이 계속 이어졌다. 결국 그 해가 지나가기 전에 완전히 탈진한 K 목사는 교회를 사임하고 다른 교회로 옮겼다. 좋은 소문이 나면서 탄탄대로를 걷던 교회는 갈등이 시작된 지 2년이 채 지나지 않아 다시 40명 정도의 교인만 남게 되었다.

이 교회의 경우 교회 갈등의 원인이 선교비와 목회자 사례비 예산에 대한 의견 충돌로 보이지만, 사실은 교회의 양적 성장에도 불구하고 성도들의 질적인 성장이 따라주지 않은 것이 더 근본적인 원인이다. 말씀 선포를 최우선으로 삼은 목회철학이 틀린 것은 아니었지만, 설교를 통해 감동을 받은 교인들에게 말씀이 실제적으로 적용되도록 체계적인 교육을 하지 못했던 점이 그 교회가 어려움을 겪을 수밖에 없었던 가장 큰 요인이었다고 할 수 있다.

간과할 수 없는 또 다른 요인은 교인들의 칭찬과 관심에 따라 목회의 방향을 잡은 목회자의 성격상의 문제점을 들 수 있다. 이 부분은 다음 장에 나오는 다혈질 목회자와 교회 갈등에서 자세히 다루기로 하겠다.

2. 담임 목사 교체에 따른 불협화음

목회자의 교체

교회가 담임 목회자를 교체하는 경우는 여러 가지가 있다. 목사가 은퇴한 뒤에 후임 목사를 청빙해야 하는 경우, 목사의 신상에 문제가 생겨서 사임하게 된 경우, 또는 다른 목회지로 옮기게 되어서 새로운 목사를 초청하는 경우 등이 있다.

일부에서는 담임 목회자 교체를 심장이식 수술에 비유하곤 한다. 잘만 되면 새로운 도약과 부흥의 기회가 되지만, 실패했을 경우에는 심각한 갈등과 상처를 낳을 수 있기 때문이다. 실제로 교회의 활력과 발전의 계기가 되어야 하는 후임 목회자 선정이 오히려 교회의 혼란과 분쟁의 씨앗이 되는 경우가 자주 발생한다. 심한 경우에는 교회가 양분되는 결과도 나타난다.

이러한 현상은 성도 간의 갈등, 성도와 당회, 또는 청빙위원회와의 갈등, 목회자 간의 대립과 갈등으로 진행되기도 하는데, 경우에 따라서 교회와 노회, 또는 지방회와의 마찰로 발전하기도 한다. 여기에서는 목회자의 교체에 따른 교회 갈등 중에서 목회자의 개인적 성향과 각 교회의 특성에 따른 갈등에 초점을 맞추어 살펴볼 것이다.

일반적으로 담임 목사의 교체로 인한 갈등은 대부분 교인들의 존경을 받던 전임 목회자가 성공적인 목회를 마치고 사임한 뒤 후임 목회자가 새로 왔을 때 빈번히 발생한다. 전임 목회자가 워낙 훌륭하게 목회를 해 왔기에 새로 부임한 목회자는 열심히 잘 해도 웬만해서는 유능하고 참신하다는 평을 듣기 어렵고, 전임 목사에 비해 조금만 모자라거나 부족하면 쉽게 무능하다는 평가를 받게 된다.

신임 목사 체크업 리스트

새로 부임하는 목사가 꼭 기억해야 할 것이 두 가지 있다.

첫째, 신임 목사는 부임하고 처음 1, 2년 안에 참신하고 유능한 목회자가 부임했다는 믿음을 교인들에게 심어 줘야 한다. 교인들은 새로운 목회자에게 새 것을 기대하기 때문이다.

둘째, 교인들이 이제껏 소중하게 생각해 왔던 것을 신임 목사가 함부로 바꾸거나 깨뜨리지 않는다는 인상을 심어 줘야 한다. 대부분의 경우에 신임 목회자가 의욕이 앞선 나머지 교회의 전통과 관습을 무시하고 자신의 목회철학을 내세워 개혁을 해 나가려고 하는데, 이러한 인상이 강하면 교인들은 새 목회자를 불신하게 된다. 이 문제에 대해서는 다음에 나오는 '문화적 충돌' 부분에서 좀더 자세히 이야기할 것이다.

그러면 어디까지는 바꾸어도 되고 어디까지는 기존의 것을 존중하며 계승해야 할까? 한 마디로 대답하기는 어렵다. 그러나 신임 목사가 지켜야 할 두 가지 지침으로 답을 대신할 수 있다.

첫째, 자신의 은사를 중점적으로 살려서 목회에 임하라는 것이다.

하나님께서 사역자로 부르셨을 때는 각자에게 필요한 독특하고 특별한 은사를 주신다. 다른 사람이 잘하는 것을 모방하거나 흉내 내려고 해서는 안 된다. 하나님께서 각자에게 주신 강점으로 일해야 한다.

둘째, 새로운 프로그램을 시작하려고 할 때에는 주의하자는 것이다.

당회원이나 제직들, 또는 성도들이 이해하고 기쁨으로 동참할 수 있도록 충분한 시간을 가지고 준비하는 것이 필요하다. 큰 꿈이 있는 열정적이고 젊은 목회자들이 교회에 새로 부임해서 자주 범하는 실수가 바로 이 부분이다. 의욕이 앞선 나머지 교인의 공감대를 얻지 못한 상태에서 새로운 프로그램이나 목회 아이디어를 일방적으로 성급하게 시행하면 큰 낭패를 보게 된다.

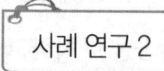

미국 중남부 중소도시에 자리 잡고 있는 소규모의 한인 교회

이 교회는 약 7년 가까이 교회를 섬기던 목회자가 떠나면서 신임 목회자를 청빙하게 되었다. 전임 목사는 가까운 대학에서 박사 과정을 공부하면서 교회를 섬겼는데, 그 전에 사역하던 세 명의 목회자 때문에 큰 상처를 받았던 교회를 잘 치유하고 성도들과 아주 좋은 관계를 맺어 왔으며, 떠나기 전에 아담한 예배당 건축을 부채 없이 마치고 다른 교회의 청빙을 받아서 떠나게 되었다.

한인이 100명 정도밖에 살지 않는 지역에 있는, 출석 교인 40명의 작은 교회라서 신임 목회자를 모시는 것이 쉽지 않아 기독교 신문에 광고를 냈다. 뜻밖에 약 30명의 목사들이 지원을 했다. 목사 청빙위원회에서 그 가운데 한 사람을 선택해서 목회자로 청빙했다.

새롭게 부임한 Y 목사는 늦은 나이에 하나님의 부르심을 받고 미국에 건너와 신학교를 마치고 이제 처음으로 목회를 시작하는 목회 초년생이었다. 늦은 나이에 부르심을 받고 목사가 되어서 처음 담임목사로 목회를 하게 되었으니 그 의욕과 열정이 얼마나 대단했을까 쉽게 짐작할 수 있을 것이다. 그러나 부임해서 몇 개월도 채 지나지 않아 교인들 사이에 이런저런 소리가 들리기 시작했다.

교회에 부임해서 교인들을 지켜본 Y 목사는 교인들이 영적 훈련을 제대로 받은 사람들 같지 않다는 생각이 들었다. 교회에서 봉사하고 헌신하는 모습이 그 동안 그가 봐 왔던 교인들과 같지 않았다. 그도 그럴 것이, 그 교회 성도 대부분은 미국에 이민 온 후에 예수님을 믿고 신앙생활을 시작한 사람들이었다. 한국에서 오랫동안 신앙생활하면서 훈련받은 교인들과는 다를 수밖에 없었다.

그뿐 아니라 Y 목사가 보기에 교회의 선교 프로그램도 너무 낙후되어 있었다. 그래서 의욕적으로 여러 선교지와 선교사들을 연결함으로써 교회에 선교의 비전을 심어 주기 시작했으며, 여러 가지 프로그램을 시작하면서 교인들을 독려하기 시작했다. 하지만 일을 하면 할수록 전임 목회자는 도대체 뭘 했나, 하는 의문이 생겼고, 전임 목회자를 그리워하며 "전임 목사님은 이렇게 하셨어요" 하고 말하는 교인들이 못마땅하게 여겨졌다.

그러다 보니 무의식중에 성도들 앞에서 전임 목회자에 대한 불평과 비판을 자주 하게 되었다. 그러자 성도들은 자신들이 사랑하고 존경하던 전임 목회자를 비판하는 Y 목사의 인격을 의심하게 되었고, 한 걸음 더 나아가 신임 목사가 성도들을 사랑하지 않는다는 생각까지 하게 되었다. 결국 서로에 대한 불신이 증폭되면서 Y 목사는 부임한 지 1년도 안 되어서 사임해야만 했다. 새 목회지가 결정되지도 않은 상태에서 말이다.

열정과 비전을 품고 처음 목회를 시작한 Y 목사에게 왜 이런 일이 일어난 걸까? Y 목사가 미처 생각하지 못한 것이 하나 있었다. 일반적으로 교회에 목사가 새로 부임하면 교인들은 기대와 우려라는 두 가지 감정을 가지게 마련이다. 하지만 Y 목사가 부임한 교회처럼 한인들이 적은 지역에 하나밖에 없는 한인교회는 일반적으로 보수적인 성향을 띠고 있기 때문에 자신들의 신앙의 색깔을 바꾸려고 하지 않는다.

비록 Y 목사가 볼 때 교인들의 영적 수준이 어린아이와 같고 하나님에 대한 헌신의 열정이 너무 약하게 보였지만 그 교회의 배경을 염두에 두고 본다면 그러한 모습이 당연할 수밖에 없었다. 전임 목사는 불신자들에게 복음을 전하고 믿음의 공동체 안에서 신앙적인 삶을 살아가게 하는 기초적인 사역에 초점을 맞추고 사역을 해 왔다. 특히 적은 수의 교인들과 함께 자비량으로 목회를 하면서 멀리 내다보는 안목을 가지고 예배당 건축까지 완수해냈다. 게다가 그 큰일을 부채 없이 마무리함으로써 후임 목사에게 짐을 지우지 않았다. 새로 부임한 Y 목사가 전임 목회자의 수고가 없었다면 그 교회가 현재의 모습으로 존재할 수 없음을 인정하고, 또 교인들의 장점과 교회의 좋은 점들을 칭찬하며 새로운 프로그램을 서서히 도입해 나갔다면 교인들이 신뢰하고 존경하며 따랐을 것이다.

아무리 전임 목회자에 대한 좋은 추억을 가진 교인들이라도 시간이 지나면 신임 목회자에게 사랑과 존경을 옮기게 마련이다. 대체로 목회자에 대한 깊은 신뢰와 사랑을 가지고 신앙생활을 하는 교인들은 목회자가 바뀌어도 태도를 바꾸지 않고 새로 부임한 목회자를 대하는 것이 상례이기 때문이다.

3. 반복된 갈등으로 인해 쌓인 불신

갈등이나 분쟁에 휘말려 있는 교회들을 관찰해보면 한 번 큰 갈등이 있었던 교회에 격심한 갈등이 반복적으로 되풀이 되는 것을 보게 된다. 그래서 종종 '싸움 잘하는 교회'라는 좋지 않은 소문이나 별명이 따라 붙는다. 일반적으로 이런 교회는 목회자에 대한 불신이 계속되고 교회 창립 멤버들이나 교인들의 잘못된 주인의식이 강하다는 특징이 있다. 교회에 대한 비성경적인 주인의식을 주님을 향한 사랑이나 교회에 대한 사랑으로 혼동하는 경우가 많다.

이런 교회에서는 목회자가 통제하기 힘든 분노, 긴장, 또는 과거의 경험에 근거한 불신과 미움 등에 직면하게 된다. 그러한 것들은 교회가 정상적인 성장의 과정을 밟아 나아가려고 할 때 주도권 싸움의 직접적인 원인으로 작용하는 경우가 빈번하다. 이런 문제점을 안고 있는 교회는 목회자에게 모든 문제의 책임을 돌리면서도 문제를 풀기 위해서 인정해야 할 필수적인 권위는 인정하지 않으려는 경향이 농후하다. 목회자가 이러한 문제를 파악하고 그 문제를 고치기 위해 강력한 리더십을 발휘하려고 하면 교인들은 협조하기는커녕 즉각 목회자를 배척하기 위해 전력을 다한다.

이런 경우는 교회 창립 멤버들이나 기존 교인들이 바른 교회관을 다시 학습하여 주님을 바로 섬기는 방법을 배우는 것이 급선무이다. 달리 말하자면 교회의 체질을 개선해야만 반복적인 교회 갈등을 막을 수 있다.

대부분 이러한 교회들은 장기적인 진통의 과정을 거치면서 서서히 주님의 몸 된 교회 본연의 모습을 회복하는데, 이 때 연약한 많은 교인들이 교회로부터 받은 상처를 안고 다른 교회로 떠나가는 바람직하지 못한 일들이 발생한다.

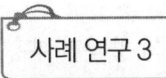

한인들이 500명 남짓 사는 소도시의 작은 교회

그 도시에는 다른 교단의 교회가 이미 세 교회 있었다. 문제의 교회는 개척한 지 7년 가까이 된 교회로, 새로 부임하는 C 목사가 오기 전에 세 명의 목사가 거쳐 가고 나서 약 6개월 동안 담임 목회자가 없던 교회였다.

그 교회를 개척한 목사는 개척한 지 1년이 막 지났을 때, 대도시 교회의 청빙을 받자 교회에 일방적으로 통보만 한 채 훌쩍 떠나버리고 말았다. 1년이 지나면서 약 4~50명 모이는 교회로 힘차게 성장하던 중에 목회자가 갑자기 떠나버리자 교인들은 심적으로 큰 충격을 받았다. 특히 교회에서 중요한 직분을 맡아서 충성하던 몇몇 성도들은 떠나가는 목사를 전송하면서 말할 수 없는 자괴감을 느껴야만 했다. '아, 우리처럼 작은 교회는 훌륭한 목회자를 모시기가 어려운가 보다' 라는 생각을 떨쳐버릴 수 없었고, 아쉬움과 함께 목회자에 대한 일종의 배신감을 느끼기까지 했다.

두 번째 부임한 목사는 강한 리더십과 은혜로운 설교로 상처받은 교인들을 치유해 주기 시작했다. 약 1년이 지나면서 교회는 다시 부흥하기 시작했고, 제자훈련과 체계적인 행정으로 교회의 양적, 질적 성장기가 다시 찾아왔다.

두 번째 목회자가 부임한 지 약 2년이 지났을 때 교회의 양적인 부흥에 맞추어서 예배당을 건축하자는 의견이 제시되었다. 성도들은 힘을 합하여 기도하고 준비하여 좋은 예배당을 구입했다. 새 예배당과 함께 새로운 꿈을 품고 이젠 지역사회에 복음을 더 힘 있게 전하는 교회로 성장하리라는 생각으로 들떠 있을 때 뜻하지 않은 소식이 날아왔다. 담임 목사가 영국에 있는 신학교 박사 과정에 입학하게 되어서 교회를 떠난다는 소식이었다.

비전을 제시하며 영원히 함께할 것 같았던 담임 목사가 새 예배당을 구입하자마자 또 떠난다고 하니 교인들의 실망은 말로 할 수 없었다. 담임 목사는 약 2년의 박사과정을 마치면 다시 돌아오겠다고 약속했지만 실망감에 빠져 있던 교인들은 목회자의 말을 받아들이지 않았다. 담임 목사의 사임 소식이 알려진 후 교회는 약 2개월 동안 걷잡을 수 없는 갈등을 겪었다.

목사로부터 버림받았다는 느낌을 받은 교인들은 결국 목사를 떠나보

내면서 분한 감정을 그대로 표출하였고, 2년 6개월 동안 열정을 가지고 목회를 했던 목사는 목사대로 깊은 상처를 안고 교인들에게 배척당하면서 떠나야 했다. 그 와중에 교인들도 여럿이 교회를 떠났고, 남은 몇몇 직분자들이 예배당 구입으로 인한 부채를 힘겹게 갚으면서 어렵게 교회를 지켜나갔다.

이미 두 번이나 목회자에게 실망한 교인들은 이번에는 나이 든 목회자를 청빙하였다. 적어도 쉽게 교회를 떠나지는 않을 것이라는 생각 때문이었다. 세 번째 부임한 목사 역시 열심히 목회를 했고 1년이 지나면서 출석 인원이 약 7~80명으로 늘었다. 누가 봐도 교회가 자리를 잡아가는 듯 보였다.

그러나 이번에는 목회자의 생활비 문제가 발목을 잡았다. 목사가 돈 욕심을 부리는 듯한 모습을 보이자 교인들 속에 뿌리내리고 있던 불신이 또다시 고개를 들었다. 이번에는 상상하지도 못했던 욕설과 몸싸움이 예배당에서 벌어졌다. 세 번째 담임 목사도 고개를 흔들며 교회를 떠나버렸다.

교인들은 담임 목사 없이 설교만 해주는 목사만 두고 교회를 꾸려가는 것이 차라리 더 낫겠다는 생각을 하기에 이르렀다. 그래서 한동안 가까운 신학교에서 공부하고 있는 목회자를 초빙하여 말씀을 듣고 교회를 꾸려나갔다. 그렇게 약 6개월을 지내다가 다시 목회자를 초빙하기로 결정했다.

네 번째 부임한 C 목사는 교회에 부임한 지 얼마 되지 않아 교회가 소수의 창립 멤버에 의해서 일방적으로 끌려간다는 점을 알게 되었다. C 목사는 그러한 상황에서 교회가 더 성장하게 되면 큰 문제가 생길 것이라고 판단했다. 그래서 교회의 행정 및 재정 시스템을 모든 교인들이 참여할 수 있는 구조로 바꾸기 위한 작업에 착수했다. 한 해를 마무리하는 연말 결산과 신년도 예산을 세우는 과정에서 이 문제를 강압적으로라도 풀어보려고 했던 C 목사는 격심한 반대에 부딪쳤고, 교회는 또다시 갈등의 소용돌이에 휘말렸다.

　자신의 강한 성품을 바탕으로 강력한 리더십을 발휘하여 교회를 바로 세우겠다는 C 목사의 노력은 허공을 치는 메아리가 되었다. 그로부터 1년 6개월 후, C 목사는 교리적이고 윤리적인 면에서 결점이 없는 모범적인 영성을 지닌 목회자인데도 불구하고 포악한 목사로 취급되어 교회로부터 강압적인 사임 압력을 받고 교회를 쓸쓸히 떠나야 했다.

　이 교회의 경우에 C 목사의 강한 성품과 강력한 리더십, 그리고 편향적인 행정 시스템에 있다고 볼 수 있지만, 그 뿌리를 들여다보면 교회 창립 때부터 반복적으로 겪었던 분쟁 때문에 교인들이 품게 된 목회자에 대한 불신이 중요한 요인이었다.

4. 문화적 충돌

신구 갈등

『더 건강한 교회 만들기』(Creating a Healthier Church)라는 책을 저술한 로날드 리처드슨(Ronald Richardson) 박사는 '가족체계이론(Family System Theory)'의 관점에서 교회 갈등을 이해하려고 했다.

일반적으로 목회자가 교회라는 시스템 속에서 새로운 변화를 시도하는 경우, 새로운 변화를 일으키려는 힘에 대응하여 기존 상태를 계속 유지하려는 힘이 생겨나 갈등이 시작되는 것으로 보았다. 이 갈등이 효과적으로 처리되면 새롭게 변화된 모습 속에서 평형을 유지하게 되고, 그렇지 못한 경우에는 시스템이 불안정하게 흔들린다.

특별히 한국교회의 상황에서 볼 때 목회자들은 보수적 성향을 띠는 연령층의 성도들과 새로운 변화를 추구하는 젊은 세대들 사이에서 갈등하게 되며, 이러한 상황에서 목회자가 젊고 참신한 아이디어를 목회 현장에 도입하게 되면 시스템의 평형성이 급격하게 깨지면서 교회 갈등이 심화되는 것이다.

열린 예배라든지 젊은이 예배 등의 문화가 교회에 새로운 바람으로 불고 있다. 목회자들이 전통적인 교회에서 현대적인 교회로, 구태의연한 교회에서 젊은 교회로, 아니면 전통적인 예배를 열린 예배(구도자

예배, 또는 젊은이 예배) 등으로 전환시켜 나가려고 할 때 문화적 충돌로 인해 교회 갈등이 빚어지는 경우가 많다. 그러나 한국 교회의 경우 대부분은 문화적인 문제 하나가 분쟁의 원인으로 작용하는 경우는 거의 찾아볼 수 없다.

문화적 충돌을 방지하는 두 가지 원리

문화적 충돌이 다른 원인들과 맞물려 나타날 때 교회 갈등은 도저히 해결할 수 없는 문제로 커지곤 한다. 문화적 충돌은 종종 신학적 문제나 개인의 신앙을 평가하는 구실로 작용하여 쉽게 상대방을 정죄하며 자기편을 정당화하는 근거가 된다.

여기서 목회자들이 이해해야 할 중요한 문제가 있다. 어떤 목회자가 교회를 개척하는 경우에는 그가 어떠한 목회 철학을 가지고 있든, 어떤 형태의 목회를 하든 전혀 문제될 것이 없다. 그러나 이미 존재하고 있는 교회에 목회자로 부임해서 목회를 하게 된 경우에는 문화적 충돌이 발생한다면 목회자 자신이 본의 아니게 교회를 훼손할 수 있음을 인지해야 한다. 왜 그럴까?

첫째, 기존 문화를 깨뜨리는 것은 도덕적으로 볼 때 잘못된 것이기 때문이다. 오랜 선교의 역사를 통해 입증되었듯이 선교란 선교지의 문화 가운데 복음을 심는 것이지 문화를 바꾸는 것이 아니다.

선교 차원에서만이 아니라 지역 교회에서도 마찬가지다. 목회자가 새로 부임해서 목회를 시작할 때 교회에 이미 형성되어 있는 문화를 존중하지 않고 자신의 생각대로 송두리째 바꾸려고 한다면, 그것은 복음의 본질을 이해하지 못한 무지의 소치라고 볼 수 있다.

둘째, 목회자가 이미 형성된 교회 문화가 자신과는 상관없는 것이라는 점 때문에 배타적인 태도를 가지고 그것을 바꾸려고 하기 때문이다(이 점은 목회자 자신도 의식하지 못하는 경우가 허다하다). 이러한 현상이 극단적으로 나타나는 경우에는 전임 목회자에 대해 좋은 기억을 가지고 있거나 칭찬을 하는 교인들을 새로 부임한 목회자가 의식적으로, 또는 무의식적으로 배타적이고 적대적인 마음을 가지고 평가한다.

이때 목회자는 다시 한 번 생각해봐야 한다. 목회자가 할 일은 문화를 파괴하는 것이 아니라 죄를 뿌리 뽑는 것이다. 신임 목회자는 기존에 형성되어 있는 교회 문화를 존중해야 한다. 그 후에 교회의 시스템에 큰 무리가 가지 않는 건강하고 효과적인 방법으로 시간적인 여유를 두고 새롭게 변화를 시도해야 한다. 그러면 파괴적인 문화 충돌 없이 교회 문화를 변화시킬 수 있다.

또한 전임 목회자에 대해 좋은 기억이나 관계를 지니고 있는 교인들 대부분은 시간이 지남에 따라 신임 목회자에 대해서도 신뢰와 존경을 보일 것이다. 그리고 전임자에게 쏟아 부었던 동일한 사랑을 신임 목회자에게도 보여주는 충성된 양들이 된다.

> 사례 연구 4

한국의 농촌 지역에 있는 100명 남짓의 교회

이 교회에는 두 명의 시무 장로와 한 명의 원로 장로가 있었다. 신학교를 졸업하고 목사 안수를 받자마자 이 교회에 부임하게 된 L 목사는 꿈이 많고 농촌을 사랑하는 소박한 목사였다. 그런데 국가관이 너무 투철해서 교회 성도들도 분명한 국가관을 가지고 있어야 한다는 신념을 가지고 있었다. 그래서 교회에 부임하자마자 교회 강단 오른편에 태극기를 세워야 한다고 주장했다. 그러나 전임 목회자들로부터 태극기가 신자들에게 우상시 될 위험이 있다고 교육받았던 장로들이 한사코 반대했다. 강단에 십자가를 세우는 것도 그러한 위험 때문에 꺼리는 마당에 태극기를 세우는 것을 찬성할 리가 없었다.

그러나 분명한 국가관을 가지지 않은 신자는 책임감 있는 성도로 성장하기가 어렵다고 굳게 믿고 있던 L 목사는 기회가 있을 때마다 태극기를 강단에 세워야 한다고 역설했다. 그뿐 아니라 나라 사랑과 철저한 국가관이 왜 신앙인의 삶에 좋은 영향을 끼치는가에 대한 설교도 자주 했다.

시간이 지나면서 L 목사의 설교와 교육에 감동을 받은 젊은 성도들이 L 목사의 뜻에 동조하기 시작했다. 그리고 장로들을 찾아가서 목사님의 목회 방침에 따라줄 것을 요청하기도 했다. 그러나 장로들은 요지

부동이었다. 결국 그 문제는 교리 문제로까지 비화되어서 장로들이 L 목사를 노회에 고소하기에 이르렀다. 다행히 노회에서 L 목사의 뜻이 우상숭배라고 볼 수 없다는 유권해석을 내려 고소는 기각되었다.

하지만 이 일로 인해 꿈 많던 젊은 목사는 농촌 목회의 꿈을 접고 그 교회를 떠나야 했다. 또한 그 교회의 젊은 교인들 중 상당수도 장로들을 전통에 매여 있는 고집불통이라고 매도하면서 교회를 떠나버렸다.

이 경우 교회 갈등의 핵심 요인은 문화적 차이이다. 미국의 보수적인 교회 가운데에도 강단에 교단을 상징하는 기와 미국의 국기인 성조기를 함께 세워놓은 교회들이 있다. 한번은 그 교회 목회자에게 그것들이 우상이 될 위험이 없느냐고 물었다. 그러자 자신들은 우상이라고 생각해본 적이 한 번도 없으며, 눈에 보이는 우상보다 마음에 품고 있는 무형적인 우상들이 얼마나 더 위험한가를 역설했다.

진리 문제가 아니라 문화적인 차이, 또는 세대적인 차이로 교회 갈등의 불씨가 일어날 때는 목회자가 지혜롭게 대처해야 한다. 일례로 태극기에 대한 문제로 갈등이 빚어질 경우, 사도 바울이 우상에게 바쳐진 제물에 대해 고린도교회 성도들을 가르치던 내용에서 지혜를 얻을 수 있다. 목회자 자신은 태극기를 강단에 놓고 예배를 드려도 아무런 거리낌이 없이 예배를 드릴 수 있다 하더라도 다른 성도들이 그 태극기 때문에 꺼림칙한 느낌을 받고 그로 인해 예배에 방해를 받는다면 구태여 그것을 고집할 필요가 있겠는가?

모든 것이 가하나 모든 것이 유익한 것은 아니다. 앞에서 언급한 대로, 전임 목회자에 의해서 교회에 깊은 신앙 전통으로 자리 잡은 것들을 부정하고 자신의 목회 철학을 고집하는 것은 자칫하면 주님의 몸 된 교회에 고통을 안겨 주는 일이 될 수 있다는 사실을 분명히 인지해야 한다.

5. 리더 간의 성격 차이

▍평신도 지도자들의 문제

많은 교회들이 목사와 장로 사이의 갈등으로 몸살을 앓고 있다. 목사가 볼 때는 장로들에게 문제가 있고, 장로의 입장에서는 목사에게 문제가 있다고 여긴다. 물론 쌍방 모두 문제를 안고 있는 경우가 대부분이다. 앞에서는 목회자들의 문제를 주로 다루었기에 이번 장에서는 장로들에게서 찾을 수 있는 문제점에 초점을 맞추어 이야기하고자 한다.

교회 지도자 간에 생기는 갈등의 책임은 양자에게 똑같이 있지만, 목회자의 협조자로 세움 받은 장로가 목회자를 견제하거나 대립하게 되면 교회 갈등이 심각해지고, 이런 상황에서 평신도들은 아무 것도 모르는 가운데 피해자가 된다.

물론 모든 교회의 지도자 간에 나타나는 갈등을 이렇게 등식화할 수는 없지만, 많은 경우에 장로를 피택할 때 성경적인 원리보다는 세상적인 원리가 작용했기 때문에 그런 갈등을 일으키는 것이라고 볼 수 있다. 장로란 경험이 많고 신앙심이 깊어서 인격적으로 존경을 받는 사람으로서, 교인을 지도하며 보살피는 역할을 담당하는 리더이다. 그러나 많은 교회에서는 아직도 장로 직분을 명예나 감투로 생각하는 경우가 많다. 그리고 일을 맡겨야겠는데 마땅히 사람이 없어서, 또는 목회자와 특정 이해관계에서 장로들을 선출하고 임직하는 경우도 있다.

신중한 인선과 임직

영적으로 상당한 식견과 통솔력을 갖추지 못한 장로가 교회의 리더가 되는 경우, 수레의 두 바퀴로 비유될 수 있는 목사와 장로가 한마음이 되어 교회를 원활하게 이끌어나가는 데 실패하게 된다. 모든 일이 그렇듯이, 장로에 관한 문제는 일이 생긴 다음에 해결책을 찾는 것보다는 예방하는 차원에서 접근해야 한다. 목회자의 선출과 초빙에 신중을 기하는 것처럼 장로를 세우는 문제도 좀더 엄중하고 철저하게 행해야 한다.

장로를 세운 이후에는 목회자와 장로가 좋은 관계를 유지하는 것이 가장 중요하다. 피차 존경과 이해, 상호 신뢰를 가지고 원만한 의사소통을 통해 좋은 관계를 유지하며 교회를 원만히 치리하기 위해 협력해야 한다.

리더십, 영성, 경험 등의 요소보다는 목회자, 장로들 간의 성격 차이로 인해 문제가 발생하는 경우가 뜻밖에 많다. 다음 장에서 더 자세히 살펴보겠지만, 교회 분쟁은 빙산의 일각이고 그 기초에 교회 리더 간의 성격 차이라는 거대한 요인이 존재하는 경우가 많다.

성격 차와 갈등 심화

예를 들어, 완벽주의적인 성격이나 권위주의적인 성향을 지닌 사람들이 교회의 리더로서 동역하는 경우를 생각해보자. 일반적으로 이들은 자기 약점을 인정하려고 하지 않으면서도 남의 약점을 절대로 지나치지 않는 습성을 가지고 있기 때문에 문제가 발생한다. 사람이란 아무리 철저하다고 해도 빈틈이나 약점이 있기 마련이다. 일반적으로 사람들은 자신의 약점을 잘 모르거나 무의식중에 외면하며 생활한다. 그래서 어느 한 쪽이 상대방의 약점을 거론할 때, 이를 사랑의 권면으로 받아들이지 못하고 도전으로 받아들이기 쉽다. 더욱이 두 사람 사이에 의견 차이가 생겼을 때는 상대방의 약점을 더 쉽게 지적한다.

한 가지 더 안타까운 사실은, 이러한 성격의 사람들은 자기와 다른 의견을 제시하는 것을 자신에 대한 공격으로 받아들이는 경우가 많다는 사실이다. 그러한 사람들은 어떠한 문제를 두고 의견이 분분한 경우에 자기의 생각만이 언제나 최선이고 옳다고 여긴다. 모든 것이 다 옳은 것인데도 불구하고 자신의 의견이 관철되지 않았을 때 그것을 받아들이지 못하고 분노를 폭발한다. 자신의 의견이 주님의 뜻에 더 가깝다고 생각하기 때문에 다른 의견을 낸 사람을 주님의 뜻보다는 자신의 뜻을 주장하는 믿음 없는 사람으로 매도한다. 그래서 분노를 표출해서라도 그들의 의견을 저지하는 것이 신앙적인 의무라고까지 생각한다. 이렇게 되면 교회의 의견 결정 과정은 '가능한 좋은 결정'을 구하는 과정이 아니라 '정의로운 의견과 불의한 의견 간의 투쟁'으로 번진다.

여기에서 볼 수 있듯이 어떤 특정한 성격을 지닌 사람들이 자기와 다른 의견을 불의, 오류로 몰아붙이거나 자기에 대한 도전으로 받아들일 때 문제가 발생한다. 자신의 생각을 절대적인 진리나 하나님의 뜻으로 확신할 때 문제가 생긴다. 교회 리더들의 성격 차이에 대한 이해 부족으로 말미암아 자신은 의롭고 다른 이들은 모두 잘못되었다는 식의 진리 파수 문제로 엉뚱하게 비화시키는 것은 갈등 해소를 훨씬 더 어렵게 만드는 요인이 된다.

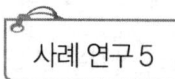

백여 년의 역사를 지닌 중소도시 교회

이 교회는 담임 목사와 시무장로 2인이 당회를 이루고 있었다. 작은 규모의 교회였지만 가족적인 분위기 속에서 교회는 건강하게 성장하고 있었다. 안수를 받고 이 교회에 처음으로 부임한 젊은 S 목사는 신혼기(honeymoon)라고 할 수 있는 첫 6개월 동안 200명 남짓한 성도들의 존경과 사랑을 받으며 열정을 가지고 목회에 임했다.

S 목사의 활발하고 낙천적인 성격과 진취적인 목회 스타일은 많은 사람에게 신선함을 주었다. 하지만 K 장로에게는 오히려 여러 가지 문제점으로 비춰졌다. 내성적이면서 동시에 참을성이 적고 지배적인 성격의 K 장로는 S 목사가 행동이 가볍고 말의 무게가 없는 사람이라고 느꼈다. 젊은 목사이기에 모든 일에 신중을 기해 주었으면 좋겠다고 생각했다.

그러던 어느 날, K 장로는 주일 예배를 마치고 한가한 시간을 틈타 S 목사에게 자신이 느껴왔던 문제, 특히 예의를 지키는 문제에 대해 강하게 권면했다. 일방적이고 단호한 K 장로의 권고에 당혹감과 수치심을 느낀 S 목사는 자기가 부족해서 그랬노라며 행동을 고치겠다고 약속했다. 그 이후로 S 목사는 매사에 맥 빠진 듯한 모습으로 목회 사역에 임했다.

K 장로는 자신의 권면을 사랑으로 받아들이지 못하고 오히려 낙심에 빠진 S 목사를 보면서 목회자로서의 자질을 의심하기 시작했다.

그러던 어느 여름날, 어떤 교인의 아기 돌 예배 때 S 목사가 양복 윗저고리를 입지 않고 넥타이만 맨 채 예배를 인도했다. K 장로로서는 도저히 용납할 수 없는 일이 일어나고 만 것이다. 예배를 마치고 식사를 하는 중에 K 장로는 성도들이 있는 자리에서 S 목사를 심하게 꾸짖었다. 차에 양복과 자동차 키를 함께 놓고 내려서 생긴 일이었다고 S 목사가 상황을 설명하여 어색했던 분위기가 그냥 넘어가기는 했지만, 그 일로 인해 S 목사는 더 크게 낙심할 수밖에 없었다.

얼마동안 기도원에 다녀온 S 목사는 당회에 사임 의사를 밝혔다. 자신의 부덕함 때문에 목회를 계속하기가 어렵다는 사유였다. K 장로는 사임을 받아들일 수 없다고 하면서 부족함을 알았으면 회개하는 마음으로 오히려 더 열심히 목회를 해야 하지 않겠느냐며 힐난했다.

이 소식이 교회에 알려지면서 아무런 영문도 모르고 있던 교인들이 술렁대기 시작했다. 그때부터 K 장로의 지배적이고 독단적인 태도 때문에 S 목사가 어려움을 겪다가 결국 사임하게 되는 것이라는 이야기가 교회 안에 퍼지게 되었다. K 장로는 자신에게는 잘못이 없다며 노골적으로 S 목사를 배척하고 나섰다. 결국 6개월간의 극심한 갈등을 겪은 후에 결국 S 목사도 교회를 떠나고 교인들도 절반 이상이 다른 교회로 옮기고 말았다.

경험과 훈련이 적은 S 목사에게도 문제가 있었지만 지나친 완벽주의자이자 지배적이고 거만한 담즙질의 소유자인 K 장로에게도 갈등의 원인을 찾을 수 있다. 목회 초년생으로 부임한 젊은 목사를 사랑과 이해로 기다려 주면서 격려하며 칭찬을 아끼지 않았다면 아마도 교회 갈등도 피하고 크게 성장하는 교회로 자리 잡을 수 있었을 것이다.

6. 목회자, 또는 교인들이 안고 있는 상처

오늘날 목회자가 감당해야 할 중요한 사역으로 새롭게 강조되는 분야가 있는데 바로 내적 치유 사역이 그것이다. 모든 나무에 나이테가 있듯이 사람들의 내면을 들여다보면 상처받지 않은 사람이 한 사람도 없다. 나무가 겪은 상처의 질곡들이 겉에 나타나 있지 않고 가장 깊은 심층부에 나이테라는 흔적으로 남아 있듯이, 신앙인들의 마음 깊숙한 곳에도 이러한 상처들이 남아 있다.

일반적으로 살펴보면 버림받고 거절당한 상처, 억울하게 오해받은 상처, 병이 될 때까지 억누르고 참았던 감정의 상처, 극심한 외로움과 열등감의 상처, 무시당하고 외면당한 상처, 이루지 못한 꿈에 대한 한과 부러움의 상처들이 성도들의 삶 가운데서 얼룩져 있다. 그러한 상처 가운데에는 교회와 연관된 상처, 전임 목회자, 혹은 성도들과의 관계 속에서 받은 상처들도 있다.

이러한 상처를 품고 있는 사람들, 특히 치유되지 않은 깊은 상처가 있는 사람들을 대상으로 목회하는 것은 지뢰밭을 걷는 것처럼 아슬아슬하다. 목회자의 말이나 행동이 뜻하지 않게 오해를 불러일으켜서 엉뚱하게 발전하는 경우가 많기 때문이다. 이러한 오해는 종종 목회자에 대한 지울 수 없는 불신이나 분노의 원인이 되기 때문에 교회 갈등으로 비화하는 시점에서는 목회자가 감당하기 어려울 정도로 감정적이고 비이성적인 분쟁으로 치닫곤 한다.

또한 목회자 자신에게도 치유되지 않은 상처가 있을 수 있는데, 그 상처가 교회의 어려움과 맞물려 나타나면서 생기는 분노도 간과할 수 없다. 그로 인해 교회와 목회자가 돌이킬 수 없는 분쟁과 파멸로 빠지는 경우도 많다. 이 부분에 대해서는 다음 장, 상한 마음과 갈등에서 더 자세히 다룰 것이다.

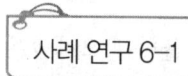
서울 강남 지역 개발 초기에 세워진 한 교회

강남에 아파트들이 우후죽순으로 들어서고 상가마다 교회 간판이 걸릴 때의 일이다. 군목으로 오랫동안 목회를 하다가 소령으로 예편한 C 목사는 군에서 받은 퇴직금을 가지고 개포동에 있는 상가 2층을 임대해서 교회를 개척했다. 처음에는 친척뻘 되는 장로님 가정, 군 시절에 알게 된 집사님 가정 등 모두 세 가정뿐이었지만 1년도 지나지 않아 근처에 있던 아파트 주민들이 교회에 찾아와 등록을 하면서 쉽게 100여 명이 모이는 교회로 성장했다.

그때 등록한 교인 가운데 가까운 은행의 지점장으로 일하는 K 집사가 있었다. K 집사는 그 지역으로 이사 와서 여러 교회를 돌아보다가 C 목사의 설교에 매료되어 그 교회에 등록하게 되었다고 자신을 소개했다. 그는 바쁜 직장생활 가운데서도 공식 예배는 물론 새벽기도, 금요 철야기도, 특별 산기도 등 모든 교회 행사와 모임에 빠짐없이 참석하며 헌신적으로 교회를 섬겼다. 이사 오기 전에 다니던 교회에서도 집사로 섬겼던 분이라서 곧 서리 집사로 임명되었고, 새해가 되면서 회계 집사 직책도 맡았다.

원래 활달하고 명랑하며 우스갯소리를 잘하는 C 목사는 교회 회의나 모임 등에서 종종 유머를 통해 모임의 분위기를 화기애애하게 만들곤 했다. 그런데 한번은 제직회 때 여름 수련회에 대해 토의하고 있었다. 아직은 외부 강사를 초청하지 못할 형편이라서 담임목사를 수련회 강사로 내정한 상태였는데, 강사료 문제를 놓고 제직들 사이에서 이견이 나왔다. 그때 함께 자리하고 있던 C 목사가 자신과 관계된 일이라 불편한 분위기를 바꾸려는 목적으로 "강사비는 많이 책정하면 좋지요. 제가 이래봬도 다른 곳에 강사로 가면 100만 원 정도는 받습니다" 하고 농담을 던졌다.

그때 회계를 맡고 있던 K 집사가 큰 목소리로 말했다. "목사님, 모든 것을 주님께 바치고 주의 종이 되신 분이 그런 말씀을 하시면 됩니까?"

분위기를 부드럽게 하기 위해 던진 농담에 정색하고 반응하자 C 목사는 너무 당황해서 처음에는 아무 말도 할 수 없었다. "아니, 집사님. 웃자고 한 이야기에 그렇게 반응하시면 어떻게 합니까?" 하면서 어색해진 분위기를 바꾸려고 했지만, 굳어진 얼굴로 계속 불편하게 말하는 그 집사의 마음을 되돌이킬 수는 없었다. 결국 제직회는 어정쩡하게 끝나버렸고, C 목사는 오해를 풀려고 K 집사 집을 방문했다.

"제가 돈에 집착하는 목사였다면 군목으로 퇴직한 후에 퇴직금을 몽땅 털어서 교회를 세웠겠습니까? 단단히 오해를 하신 것 같은데 저는 그런 목회자가 아닙니다" 하고 변명을 해도 좀처럼 K 집사의 얼굴은 펴지지 않았다. 이제껏 그렇게 목회자를 존경하고 따르던 사람이 갑자기 그렇게 돌변하자 C 목사는 어떻게 해야 할지 도무지 알 수 없었다. 그리고 몇 주 후, K 집사는 사임 의사를 통보하고 교회를 떠나버렸다.

그 일이 있은 후 교인들 사이에 이상한 소문이 나돌기 시작했다. 교회의 재정에 관련되어서 C 목사에게 깨끗하지 못한 부분이 있었기 때문에 회계 집사가 떠난 것이라는 소문이었다. C 목사는 교회 앞에 변명하기도 껄끄럽고 해서 문제 해결을 위해 기도하면서 잠잠히 기다렸다. 잘못된 소문에 영향을 받은 교인들이 몇 가정 떠나기도 했지만 다행히 1년 정도 지나면서 교회는 다시 정상을 찾을 수 있었다.

그런데 약 2년이 지난 어느 주일, K 집사가 교회로 돌아왔다. 한편으로는 괘씸한 생각도 들었지만 C 목사는 반갑게 맞아 주었다.

교회에 돌아온 K 집사는 몇 주가 지나서 C 목사 가정을 자기 집에 초대했다. 그리고 그 자리에서 모든 내막을 털어놓았다. 예전에 그가 섬기던 교회의 담임목사가 은행 과장이었던 K 집사에게 개인적인 일로 은행 융자를 부탁했는데, 그 목사가 약속을 어기고 융자금을 갚지 않아 자신이 모두 상환해야 했고, 그 이후 목회자들에 대해 깊은 불신을 품게 되었다는 것이다. 그런데 목회자에 대한 불신과 의심이 그날 C 목사에게 폭발했고, 자신이 내뱉은 돌발적이고 무례한 언사가 너무 부끄럽고 스스로 용서가 되지 않아 교회를 떠났었다고 고백하며 용서를 구했다.

지금은 성도들이 500명 이상 모이는 중형교회로 성장해서 안정된 목회를 하고 있는 C 목사는 그때 일을 회고하면서, 무심코 뱉은 한 마디 말이 교회를 거의 질식시킬 정도의 어려움으로 발전했었다고 고백했다.

교인이 이전 목회자로 인해 받았던 상처가 교회 갈등의 원인이 되어서 교회 부흥에 찬물을 끼얹은 사례라고 할 수 있다. 여기에 나오는 K 집사의 경우는 다음 장에서 다룰 주제, '내적 치유가 어떻게 교회 갈등을 예방할 수 있는가'에서 더 심도 있게 다룰 것이다.

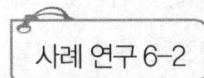
사례 연구 6-2

치유되지 않은 목회자의 상처가 분노로 폭발하면서 생긴 교회 갈등

남해안 항구 도시에 자리 잡은 P 교회는 오랜 역사를 자랑하는 교회이다. 영국에서 박사학위를 받고 돌아온 C 목사가 부임하면서 800여 명의 교인이 5년 만에 1,500명으로 증가했고, 교회들 가운데 모범적이고 성공적인 교회로 부각되기 시작했다. 주일예배를 4부로 드렸는데 기존 예배당이 비좁아지자 예배당을 신축하게 되었고, 새 예배당 건축 후 교인들이 눈에 띄게 불어나면서 출석 교인 2,500명의 대형교회로 성장했다.

매사에 적극적이고 열정적인 C 목사는 교회 밖 사역에도 점점 분주해졌다. 타 교회 부흥집회 강사, 해외 선교지 방문, 신학대학교 출강, 노회나 총회의 임원 활동 등으로 교회를 비우는 일이 많아졌다. 또한 다른 사역자들을 대할 때 권위의식을 가지지 않고 격의 없이 대했는데, 이런 모습이 가끔은 여 전도사들과 무슨 일이 있는 게 아니냐는 구설수의 원인이 되기도 했다.

L 장로가 보다 못해 C 목사가 강단을 자주 비우는 점을 지적하며 밖으로 나가는 일을 가능하면 줄여달라고 부탁했다. 말씀에 전념하며 본 교회 강단을 우선적으로 지키는 것이 담임 목사의 본분이 아니겠느냐고 권고하는 L 장로에게 C 목사는 자신이 외부 사역으로 가끔 교회를 비운 것 때문에 교회 안에 잘못된 것이 무엇이 있는지, 그리고 교회 밖 사역은 하나님의 일이 아닌지 되물었다. 그리고는 L 장로의 생각이 목회자에 대한 월권이며 우물 안 개구리식의 발상이라고 묵살해버렸다. 그래도 L 장로는 자신의 생각이 옳다고 믿었기에 C 목사에게 계속 권면하기로 마음먹었다. 그로 인해 두 사람의 관계는 날로 악화되었다.

이러한 갈등이 6개월간이나 계속되던 어느 날, 수요예배가 끝난 후 목양실에 찾아온 L 장로는 다시 C 목사에게 문제를 이야기했고 두 사람은 언성을 높였다. C 목사가 "도대체 뭐가 문제란 말입니까?"라고 소리치자, L 장로는 "지금 목사님과 K 전도사 사이에 대한 좋지 않은 소문이 왜 일어나고 있는지 모릅니까?" 하고 맞받아쳤다. 그 말을 듣자 C 목사는 갑자기 L 장로의 멱살을 잡고 "마귀 새끼!"라는 욕설을 퍼부으며 사정없이 구타했고, L 장로는 앞니가 두 개나 부러질 정도로 심하게 폭행을 당했다.

교인들이 이 소식을 듣고 놀란 것은 말할 나위가 없었다. 즉각 당회가 소집되어 C 목사의 면직을 결의했다. 10년 가까이 힘써온 목양지를 떠난 C 목사는 1년 정도 무임목사로 지내다 중국 연변 조선족을 대상으로 사역하는 총회 파송 선교사로 나가게 되었다.

C 목사는 "내가 그때 사단에게 홀렸던 것 같다"고 고백했지만 그와 함께 어린 시절과 청소년기를 보낸 이웃 교회 K 장로의 이야기를 들어보면, C 목사가 계모 밑에서 자라면서 받았던 상처들이 계속 쌓이면서 종종 분노의 형태로 친구들 사이에서, 그리고 가정에서 표출되었다는 사실을 알 수 있다.

치유되지 않은 상처로 인하여 많은 목회자들이 스스로 함정을 파는 경우가 많다. 그렇다. 모든 것을 치유하시며 회복시키시는 하나님의 전능하신 능력을 목회자가 먼저 체험해야 한다.

7. 목회자의 리더십 부재에 따른 사역자 간의 불협화음

팀 사역의 중요성

영어로 '이상(vision)'이라는 단어 앞에 '이중의(di)'라는 접두어가 붙으면 '나눔(division)'이라는 뜻의 단어가 된다. 교회에는 이상, 곧 비전이 하나여야 한다. 비전이란 어떤 개인이 만들어낸 꿈이나 소망을 말하는 것이 아니다. 비전은 하나님께서 주신 꿈이다. 교회의 비전이란 주님을 머리로 하는 유기체인 교회가 지향하는 목표와 방향이라고 말할 수 있다.

교회가 하나의 분명한 비전을 달성하기 위한 가장 바람직한 모습은 하나님께서 세우신 담임 목회자의 목회 철학이나 방향에 다른 사역자들이 신뢰감을 가지고 따르는 것이다. 그래서 교회의 여러 사역자들이 하나가 되어 사역하는 팀 목회가 가장 이상적인 모습이라 할 수 있다.

사회학자들은 미래 사회의 특징 가운데 하나로 다양성의 극대화를 꼽는다. 그러므로 앞으로 교회도 다양성을 포용하면서 동시에 통일성을 추구하는 방향으로 나아가야 한다. 다양한 목회 구조 속에서 일치와 통일성을 이루기 위한 바람직한 목회 형태가 바로 팀 목회이다. 이제껏 우리는 목회 구조를 계급적으로 이해하는 경우가 많았다. 그러나 팀 목회는 수평적인 목회 구조로서, 목회의 직무를 기능적으로 해석하는 구조이다.

이제껏 목회 구조를 수직적으로 이해한 결과, 교회 안에 부교역자들의 충분한 자질 개발이 이루어지지 않았고, 그로 인해 많은 문제가 발생했던 것이 사실이다. 하지만 수평적인 구조의 팀 목회가 도입되더라도 바른 이해와 적용이 이루어지지 않을 때, 그 부작용으로 나타나는 갈등이나 분쟁은 과거 수직적이고 계급적이던 때보다 더 빈번하고 심각할 수 있음을 간과해서는 안 된다.

거위의 편대 비행

그러면 목회의 다양성과 통일성을 구축하기 위해 필요한 조건에는 어떤 것들이 있을까? 여러 가지를 들 수 있겠지만 두 가지로 요약해본다면 다음과 같다.

첫째, 서로에 대한 존경과 신뢰.

둘째, 정기적이고 명확한 의사소통.

이러한 조건들을 갖추기 위해서는 팀 목회 구성이 중요하다. 담임 목사는 부교역자들을 뽑을 때 신중해야 하고, 팀 목회를 이끌어나갈 때는 관리 기술보다는 앞에서 말한 비전 있는 지도력으로 이끌어야 한다.

데일(R. Dale) 교수는 『목회 리더십』(*Pastoral Leadership*)에서 교회 사역자들 간의 협력 목회의 중요성과 팀 목회에 따르는 리더십의 모델로 거위 떼의 이동 모습을 제시한다.

늦가을이 되면 미국 남쪽 해안에 있는 전답 지대로 거위 떼가 이동하는데, 이동할 때 항상 V자 형태로 날아간다. 두 명의 공학자들이 이 V자 형태를 연구한 결과, 앞에 날아가는 거위가 날개를 퍼덕일 때 뒤에 따라오는 거위를 들어 올리는 힘이 발생하고, 이것이 뒤쪽으로 계속 전해진다는 사실을 밝혀냈다. 결과적으로 떼를 지어 V자 형태로 날아갈 때 아무렇게나 날아가는 것보다 약 71%나 더 먼 거리를 날 수 있다는 것이다. 뿐만 아니라 이렇게 이동하는 동안 V자 꼭짓점에서 날던 거위가 지치면 그 거위가 맨 마지막 자리로 이동하고 다음 거위가 그 선두자리서서 철새 떼를 인도한다는 사실도 알아냈다.

갈등의 원인이 되는 리더십

미래 교회의 체질 변화에 따라 팀 목회의 필요성이 점점 증가할 것이기 때문에 그에 대한 준비가 되어 있지 않으면 갈등을 피할 수 없을 것이다. 그러므로 교역자들의 기능에 따른 다양성을 인정하면서, 동시에 하나님께서 세우신 담임 목회자가 품고 있는 비전과 목표에 대한 통일성을 어떻게 조화 있게 이루어 가느냐가 앞으로 교회가 풀어나가야 할 숙제 중의 하나라 할 수 있다.

팀 목회에 요구되는 리더십을 이해하기 위해서는 섬기는 리더십에 대한 인식이 필요하다. 근간에 일반적인 리더십 이론과 실제가 많이 발전되어 왔는데, 재미있는 사실은 전통적이고 카리스마적인 리더십이 성경적인 리더십, 곧 "너희 중에 큰 자는 너희를 섬기는 자가 되어야 하리라"(마 23:11)로 전환되고 있다는 것이다. 왜냐하면 정말로 영향력 있는 리더십은, 리더가 섬기는 자일 때 더 폭발적으로 나타나기 때문이다.

리더십에 관한 글을 많이 쓴 존 맥스웰은 리더십을 이렇게 정의했다. "신뢰를 바탕으로 하는 영향력."

다음의 실례를 통하여 이 문제를 적용해보자.

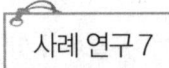

사례 연구 7
서울 강북 지역의 1,000명 정도 되는 중형 교회

담임 목사로 10년 이상 목회하던 L 목사는 늦게 안식년을 맞이하여 미국으로 1년 유학을 떠나게 되었다. 창립한 지 30년이 지난 중형 교회에 부임하여 10년간 혼신의 힘을 다하여 교회를 섬긴 L 목사는 거의 강단을 비우는 일이 없는 교회 중심의 목회자였다. 교인 수가 500명이 될 때까지도 직접 모든 교인들을 심방할 정도로 열심히 목회에 임했다. 아울러 하나님께서 주신 권위가 무너지면 목회는 실패라는 나름대로의 목회철학을 가지고(아마 권위주의와 권위를 혼동하지 않았나 싶다) 강력한 카리스마적인 리더십을 바탕으로 목회 사역을 감당했다.

그렇게 10년 동안 강단을 좀처럼 비우지 않고 열정적으로 사역을 해왔었는데 안식년으로 1년 동안이나 교회를 떠나 있을 것을 생각하니 마음이 놓이지 않았다. 그래서 부목사가 2명이나 있었는데도 자신이 개인적으로 신뢰하던 후배 목사이자 신학교 교수로 재직하고 있던 P 목사를 설교 목사로 임명하고서 미국으로 떠났다.

하지만 채 6개월도 지나지 않아 P 목사가 개인 신상의 이유로 강단을 계속 지킬 수 없게 되었다. 급한 대로 잠시 부목사에게 강단을 맡겼던 L 목사는 서둘러서 귀국했다.

그런데 돌아온 다음이 문제였다. 귀국 후 처음 모인 당회에서 장로들은 왜 부교역자들을 신뢰하지 못하는지 물었다. 부목사가 두 분이나 있는데 왜 교회 재정을 지출하면서까지 설교 목사를 두어야 했는가, 왜 부목사들에게 설교할 기회를 주지 않는가, 부목사들에게도 수요예배나 주일 저녁예배 때 설교할 기회를 주었으면 좋겠다, 등등의 발언이 나왔다. L 목사는 강단에 누구를 세우고 말고는 담임 목사의 고유 권한이라고 일축하고, 장로들에게 월권을 해서는 안 된다고 못 박았다.

그렇게 해서 문제가 잠잠해졌으면 다행이었을 텐데 그렇지 못했다. 얼마 지나지 않아서 교인들 사이에 "담임 목사의 설교에 비해 부목사의 설교가 신선하고 박력이 있어서 좋다"는 이야기가 돌았다. L 목사는 부랴부랴 그 중 문제의 핵심에 있던 부목사 한 명에게 조용히 사임을 권고했다. 그러나 당회와 제직회에서 부목사의 사임이 담임 목사의 강압에 의한 것인지, 아니면 본인의 의사에 의한 것인지를 밝히라는 질문이 쏟아져 나왔다. 급기야는 장로 몇 명과 교인들이 사임한 부목사와 함께 인근에 있는 상가를 예배당으로 얻어 개척을 하는 사태까지 벌어지고 말았다.

  이 경우에는 우선 담임 목사였던 L 목사의 리더십 부재와 부교역자에 대한 신뢰 부족이 갈등의 가장 큰 요인이라고 꼽을 수 있다. 그리고 결과적으로 볼 때, 교회를 개척해 나간 부목사의 비윤리적인 태도 역시 갈등과 분쟁의 요인이었다고 볼 수 있다. 또한 부목사를 그렇게 부추긴 교인들의 잘못된 교회관도 문제점이라 할 수 있다. 만약 따로 교회 개척을 원했던 장로들과 교인들을 설득하여 돌려보냄으로써 교회가 나뉘는 것을 막을 정도로 부목사가 영적으로 성숙한 사람이었다면 그 결과가 얼마나 하나님께 영광이 되고 교회에 유익이 될 수 있었겠는가 하는 아쉬움이 남는다.

  그러나 가장 근본적인 요인으로는 역시 담임 목사의 리더십 부재, 부교역자에 대한 불신, 그리고 영적 미성숙함을 손꼽지 않을 수 없다. 담임 목사가 모든 것을 해야 하고 또한 할 수 있어야 한다는 담임 목사 지상주의, 권위주의적이고 전통적이며 강자적인 목회 리더십의 시대는 이미 지나갔다.

8. 소명의식과 주인의식의 혼동

목회자가 지나친 주인의식을 가지고 있을 때 교회 갈등이 초래되는 경우가 있다. 교회는 주님께 속한 것이지 결코 목회자에게 속한 것이 아니다. 물론 "내가 교회의 주인"이라고 감히 말하는 목사는 없다. 그러나 소명의식과 주인의식을 혼동하는 목사들이 의외로 많다.

앞에서는 교회 개척 멤버들이 지닌 주인의식이 어떻게 구조적인 문제로 비화, 분쟁의 원인이 되는지 살펴보았다. 그러나 소명의식과 주인의식을 혼동하는 문제에 관해서는 목회자도 예외가 아니다.

사울이 이스라엘의 왕으로서 책임의식과 주인의식을 혼동했을 때 영적으로 몰락의 길을 걸었다. 하나님의 왕국이 아닌 자신의 왕국을 세우기 시작했을 때 잘못된 주인의식으로 인해 다음과 같은 부작용들이 나타났다.

첫째, 하나님의 때를 기다리지 못했다.
둘째, 그 결과 하나님께 순종하지 않았다.
셋째, 불순종과 불신앙을 숨기기 위해 거짓말을 했다.
넷째, 한 걸음 더 나아가 잘못된 일에 대한 책임을 남에게 전가했다.
다섯째, 끝까지 회개하지 않았다.

열정으로 대표되는 한국 교회 목회자들도 만에 하나 사울과 같은 주인의식을 지니고 있지는 않은지 점검해볼 필요가 있다.

사울 신드롬

오늘날 목회자들이 겪는 문제가 사울에게 나타났던 양상으로 나타나면 교회에 대한 잘못된 주인의식 때문일 것이다. 종종 목회자는 목회 성공을 위해, 또는 교회 성장을 위해 하나님의 때가 아닌데도 조급한 마음으로 어떤 일을 추진하고, 그 일로 인해 교회 갈등과 분쟁을 일으키는 경우가 많다.

요한복음에 보면 예수님의 형제들이 예수님께 예루살렘으로 올라가서 기적을 행함으로써 자신이 메시아임을 증명해 보이라고 요구했을 때, 주님께서는 "나는 내 때가 아직 차지 못하였으니 이 명절에 아직 올라가지 아니하노라"(요 7:8)고 대답하셨다. 주님께서는 자신의 때를 아셨다. 그리고 기다리셨다.

오늘날 많은 목회자들이 사울처럼 하나님의 약속을 기다리지 못하고 일을 그르치는 경우가 얼마나 많은가!

사실 사울이 하나님의 때를 기다리지 못한 것은 불신앙 때문이었는데 오히려 그는 자기가 믿음으로 반응한 것처럼 거짓말을 해댔다(삼상 13:12). 목회자들이 하나님의 때를 기다리지 못하고 어떤 일을 자신의 생각으로 처리해 놓고서는 그것이 하나님의 뜻에 순종하기 위한 것이었다는 변명과 거짓말을 늘어놓는 경우가 종종 있다. 때에 따라서는 본인도 거짓에 속아서 그렇게 강변하는 경우도 있다. 그리고 그 일로 나타나는 바람직하지 못한 결과를 오히려 다른 사람들의 잘못으로, 혹은 믿음 없는 성도들이 그 원인을 제공한 것으로 책임을 전가한다. 그리고 끝까지 회개하지 않고 계속 고집하며 밀고 나아감으로써 마침내 교회가 큰 고통과 어려움을 겪는 모습을 본다.

소명의식과 주인의식

목회자들은 주님의 몸 된 교회를 섬길 때 하나님의 부르심에 순종하는 소명의식에 근거한 것인지, 아니면 자신이 힘쓰고 애쓴 헌신의 결과를 얻겠다고 하는 주인의식에 근거한 것인지 진실하게 점검해보아야 한다.

특히 한국 교회 목회자들은 자신의 전 재산을 털어서 교회를 개척하는 경우가 많다. 그래서 그런 목회자에게는 자신이 개척한 교회가 전부가 돼버리기 쉽다. 그러면 무의식적으로 교회에 대해 모종의 소유의식을 품게 되며 그 권리를 지키려고 한다. 일생을 바쳐 목회한 교회에 대한 집착을 버리지 못한다. 이런 경향이 교회 분쟁과 갈등을 유발하는 주요 요인이 되는 것이다.

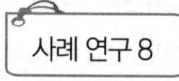
미국 소도시에 교회를 개척한 C 목사

70년대 초 미국에 이민 와서 사업에 성공한 C 씨. 그는 뒤늦게 목회자로서 소명을 깨닫고 통신으로 신학을 공부하면서 인근 소도시에 교회를 개척했다. 미국 예배당을 빌려 예배를 드리다가 2년쯤 지났을 때 사재 일부를 들여서 자체 예배당을 마련하고 남침례교단에서 목사 안수도 받았다. 그리고 그간 경영하던 사업체를 모두 매각하고 목회에만 전념하기 시작했다. C 목사는 열정, 카리스마적인 리더십을 가지고 목회에 임했다.

C 목사는 회중정치를 하는 침례교단의 특성과는 다르게 모든 부교역자 임명, 안수집사 임직, 각 부서장 임명 등 모든 인사문제와 심지어 재정문제조차도 자신이 주도해서 처리해나갔다. 교회가 적은 규모였을 때는 개척교회니까 그렇게 하는 것이 큰 문제가 되지 않았다. 그러나 교인 수가 50명이 넘어서면서 교인들이 다양한 목소리를 내기 시작하자 갈등의 불길이 일었다. 하지만 교회에 이견(異見)을 제시하거나 C 목사의 목회 방침에 조금이라도 부정적인 생각을 가진 교인들은 강단에서 공개적으로 책망하는 C 목사 때문에 교회를 떠날 수밖에 없었다.

그러다가 교인 수가 70명에 육박하면서 교육관 건축을 앞두고 C 목사와 교인들 사이에 큰 다툼이 일어났다. 그동안 건축헌금으로 적립해 온 5만 불의 돈을 주식에 투자했었는데 안타깝게도 순식간에 날아가버렸기 때문이다. 이 일은 C 목사의 처남인 재정집사와 C 목사만이 알고 있었고 다른 교인들은 아무도 몰랐다.

교인 총회에서 이 문제가 불거지고 C 목사가 손실액을 개인적으로 채워놓는 것으로 일단락 했지만, 이 일로 C 목사에 대한 교인들의 불신이 증폭되었다. 그런데 그 일 후에 C 목사가 "교회에 헌금도 제대로 하지 않는 엉터리 신자들이 말은 제일 많다", "헌금을 제대로 하지 않는 교인들은 교인 구실을 못하는 자들이니 교회 행정에 이러쿵저러쿵 하지 말라"고 설교했고, 결국에는 많은 교인들이 교회를 떠났다.

  3~4년 주기로 교인 수가 5~60명으로 늘어났다가 다시 2~30명의 줄어드는 패턴이 15년이 넘도록 계속되었다. 은퇴를 앞두고 있는 C 목사는 20명의 교인들을 대상으로 외롭게 목회하고 있다.

9. 전투하는 지상교회에 찾아온 사단의 공격

분쟁은 영적 전쟁

교회의 분쟁이 일어나고 의견이 대립될 때 상대방을 쉽게 비방하고 정죄하며 심지어는 사단의 앞잡이로 몰아버리는 경우가 많다. 이것은 분명히 잘못된 판단이다. 주님께서 믿음의 공동체 안에 불러 모으신 형제, 자매들을 쉽게 정죄하고 판단하며, 나와 다른 부분 때문에 그들을 사단의 무리로 매도하는 것은 하나님 앞에서 또 하나의 큰 죄악임을 기억해야 한다. 그럼에도 불구하고 교회에 분쟁이 일어날 때 그 분쟁이 영적 전쟁의 일부라는 사실을 또한 놓쳐서는 안 된다.

사단은 교회에 갈등과 대립이 나타나기 시작할 때 우리의 연약한 부분을 이용해서 교회를 넘어뜨리기 위한 간교한 공작을 편다. 성경은 분명히 사단의 존재와 활동을 가르치고 있을 뿐 아니라 교회의 분쟁 배후에 존재하는 사단의 활동에 대해 지적한다. 그러기에 속이는 자로 나타나는 사단에 주의하며 성경적인 지혜와 전략을 가지고 영적 전쟁에 임해야 한다.

특히 교회 갈등 가운데 상습적으로 교회 문제를 일으키는 교인들에 의한 공격, 교회의 직분을 명예와 권세로 여기고 탐하는 교인들의 힘겨루기를 부추기는 사단의 충동, 이단 세력의 침투로 일어나는 교리적 혼란 등은 분명히 그 뒤에 마귀의 궤계가 숨어 있다.

사단의 다양한 공격

'지피지기(知彼知己)면 백전백승(百戰百勝)'이라는 고사 성어를 기억할 것이다. 영적 전쟁에서 승리하려면 우리의 적인 사단의 궤계와 술수를 알아야 한다. 사단의 교묘한 속임수가 어떻게 교회 갈등과 분쟁을 일으키는지를 이해하기 위해 성경에 나오는 한 사건을 살펴보고자 한다.

역대상 21장에 보면 다윗이 이스라엘 군대를 계수하는 내용이 나온다. 마귀는 더 이상 미인계를 써서 다윗을 넘어뜨리려 하지 않았다. 다윗이 이미 쓰디쓴 경험을 하고 그 죗값을 톡톡히 치렀기에 다시는 여자로 인해 넘어질 리가 없다고 판단했기 때문이다. 그래서 이번에는 다윗의 더 깊은 내면에 자리 잡고 있던 약점을 찾아냈다. 그리고 다윗에게 속삭였다. 다른 왕들이 다들 하는 일상적인 일, 군사력을 파악하기 위해 군대를 계수하는 일을 하라고 말이다. 그러나 다윗에게는 군대 계수가 분명 불신앙이었고 범죄였다. 하나님만이 다윗의 힘이지 군대의 수효가 아니기 때문이었다.

교회 분쟁이 나타날 때 목회자는 그 갈등의 뿌리에 무엇이 있는지, 곧 믿음에서 약간 벗어난 결정이나 판단, 또는 습관들이 있지는 않은지 진단해봐야 한다. 목회자가 주님보다 더 신뢰하는 것이 있다면 바로 그것이 사단이 좋아하는 최고의 공격 도구가 된다는 사실을 명심해야 한다.

다윗의 실패가 가져다 준 결과가 얼마나 컸는지 보라. 자그마치 7,000명이 죽어야 했다. 목회자 한 사람, 장로 한 사람의 잘못으로 인해 교회 전체가 몸살을 앓는 경우가 얼마나 많은가!

자신의 잘못을 깨달은 C 목사

목회자 가정에서 일찍부터 목회의 길을 걸어온 C 목사. 온유한 성품으로 인해 교회 갈등이나 분쟁과는 전혀 거리가 먼 목회자라고 스스로 자부하면서 열심히 사역을 감당했다. 그러한 생각이 하나님 앞에 교만한 것이었지만 그는 그것을 '건강한 자존감'이라고 착각하고 있었다.

어느 날 C 목사는 목회 가운데 어떤 패턴이 계속 반복되는 것을 깨달았다. 교회가 부흥하고 성장하면서 신뢰할 만한 일꾼들이 눈에 띄곤 했었다. C 목사는 이러한 일꾼들에게 특별한 관심을 보였고 개인적으로 밀접한 관계를 가지면서 목회의 청사진과 비전을 나누었다. 그들도 역시 같은 생각과 꿈을 가지고 충성스럽게 교회를 섬겼다. 문제는 2~3년을 주기로 C 목사가 신임하는 일꾼들이 신앙생활을 하다가 탈진해서 교회를 떠나는 것이었다. 두 번까지 그럴 수 있으려니 했지만, 네 번째로 가장 가깝게 인격적인 교제를 나누던 J 장로가 교회를 떠나자 C 목사는 심각하게 자신을 돌아보았다.

"주님, 제게 도대체 무슨 잘못이 있습니까?" 하며 기도하던 C 목사는 성령님께서 이렇게 책망하시는 음성을 들었다.

"네가 나보다 그들을 더 신뢰하지 않았느냐?"

그 말씀을 듣고 자신의 사역을 뒤돌아보자, 자신이 교인들과 직분자들을 다루는 데 공정하지 못하고 편애하고 있었음을 깨달았다. 자신의 편애가 그 동안 많은 교인들에게 서운함과 고통을 주었음도 알게 되었다.

그 이후 C 목사는 교회의 훌륭한 일꾼들을 주님보다 더 의지하게 만들어서 자신과 교회를 넘어뜨리려고 하는 마귀의 유혹에 빠지지 않으려고 열심히 영성 훈련에 힘쓰며 목회에 전념하고 있다.

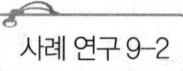

사례 연구 9-2
미국 북동부 도시에 있는 교회

이 교회는 개척한 지 5년 된 교회로서, 설교와 뛰어난 제자훈련 프로그램, 그리고 셀의 활성화를 통하여 교인 수 150명의 교회로 성장했다. 어느 날, 미국에 유학 와서 컴퓨터 과학을 전공하여 박사학위를 받고 미국 유수한 기업에서 일하고 있다는 M 집사가 등록을 했다. 열심히 신앙생활을 하던 M 집사는 약 3개월이 지났을 때 교회 홈페이지 제작 책임을 맡았고, 그로부터 1개월 후에 교회 홈페이지가 구축되었다. 성도들은 홈페이지를 통한 여러 가지 사역과 긍정적인 시너지(synergy) 효과를 기대하면서 홈페이지를 열람하기 시작했다.

그런데 얼마 후부터 홈페이지 게시판에 담임 목사의 설교와 당회 운영에 관한 부정적이고 비판적인 의견들이 올라오기 시작했다. 담임 목사의 설교가 너무 인본주의적이라든지, 당회가 민주적인 절차를 무시하고 한 사람의 의견에 끌려가는 전제주의적인 성향을 띠고 있다든지 하는 내용부터, 교회 부교역자들의 학력, 사생활 등에 관한 비판과 문제 제기가 끊임없이 올라왔다.

컴퓨터에 익숙한 젊은 층이 이런 글에 민감한 반응을 보이자 교회가 시끄러워지기 시작했다. 컴퓨터를 전혀 모르는 나이든 교인들도 그런 이야기를 전해 듣고서 걱정의 목소리를 내기 시작했다. 1년 정도 갈등이 진행되면서 신앙생활을 오래 한 나이 많은 그룹과 신앙생활 경험이 적은 젊은 그룹 간에 첨예한 대립이 생겼다.

담임 목사는 컴퓨터에 밝지 못했지만 무언가 석연치 않은 생각이 들어서 다른 컴퓨터 전문가에게 의뢰하여 교회 홈페이지를 조사했다. 그 결과 M 집사를 비롯한 몇 사람이 필명을 바꾸어 가며 악성루머를 게시판에 올린 사실이 밝혀졌다. 그러한 사실을 근거로 추궁했지만 M 집사는 자신은 모르는 일이라며 시종 거짓말로 대응했다. 하지만 서로 간에 언쟁이 일어나자 M 집사는 "나는 구원이라든지 거듭남이라든지 하는 말들은 목사들이 자신들의 안위를 위해 지어낸 종교적인 거짓말이라고 생각한다"며 자신의 실체를 드러냈다.

경악한 담임 목사는 곧장 당회를 열어 홈페이지를 폐쇄하기로 결정했다. 이 일로 인해 M 집사와 몇몇 젊은 부부들이 교회를 떠나고 말았다. 나중에 안 일이지만 홈페이지를 관리하던 M 집사는 전에 다니던 서너 교회에서도 비슷한 문제를 일으킨 장본인이었다.

이 경우는 교회 안에 있는 불신자를 통한 사단의 공격을 보여주는 예이다. 교회 안에 불신자가 있을 수 있는가? 물론 있을 수 있다. 마태복음 13장에 나오는 가라지의 비유에서 볼 수 있듯이 지상교회에는 하나님의 자녀들과 마귀의 자녀들의 공존한다. 사단은 교회 안에 있는 가라지를 이용해서 교회를 넘어뜨리려는 시도를 쉬지 않고 있다.

10. 목회자의 영적 미성숙과 탈진

목사라면 누구나 할 것 없이 하나님께서 맡기신 목양지에 부임할 때 성실하고 진실하게 목회를 잘해서 하나님께 충성된 종이라는 칭찬을 받으리라는 기대를 한다. 그러나 많은 목회자들이 목회에 결정적인 영향을 주는 자신의 강점이나 약점을 객관적으로 파악하는 데 별로 관심이 없거나 아니면 그 방법을 모르고 있다.

대부분의 목회자들은 하나님께서 자신에게 소명을 주셨기에 분명히 목회에 성공할 것이라는 전제 하에서 목회를 시작한다. 그러다가 교회에 갈등이 불거지면 자신은 하나님께서 부르신 종이기 때문에 모든 갈등은 교인들의 잘못과 불신앙에서 비롯되었다고 단정해버린다. 교인들은 신앙적으로 미숙한 상태에서 마귀에게 휘둘리는 사단의 앞잡이, 목회자는 복음과 진리를 사수하는 주님의 군사라는 등식을 세운다.

그러나 목회자는 하나님께 부단히 이렇게 여쭈어야 한다.

"주님, 혹시 이 갈등의 원인이 저에게 있지는 않습니까?"

이러한 솔직한 모습으로 주님께 기도할 준비가 되어 있다면 다음의 두 가지 영역을 면밀히 살펴봐야 한다.

목회자의 영적 미숙

목회자의 영적인 미숙함이 오늘날 교회 갈등의 중요한 요인 가운데 하나이다.

가톨릭 신학자이면서 금세기 들어 기독교 영성 분야에 가장 큰 영향을 끼친 사람이 있다면 헨리 나우웬을 들 수 있다. 그는 수많은 목회자들이 목회 사역 중에 많은 좌절과 고통, 그리고 갈등을 겪는 주요한 이유 중 하나로 직업주의(professionalism)와 영성(spirituality)의 분리를 들고 있다. 신학교에서 가르치는 과목이나 훈련 과정들이 목회자로서 직업적으로 갖추어야 할 기술과 기교에 초점을 맞추고 있다는 것이다. 그 결과 신학생들은 목회 훈련을 통하여 더 큰 기술을 습득하지만 기도나 말씀 묵상, 금식, 예배 등의 영성 훈련은 등한시하게 되었다는 것이다.

더더구나 위험한 사실은, 그렇게 기술적인 신학 교육만 받아서 영적으로 미성숙한 상태로 교회에 부임했더라도 교인들은 당연히 그를 영적으로 성숙한 목회자로 단정한다는 것이다. 그런 기대감과 중압감이 목회자로 하여금 영적인 문제에 직면했을 때 자신의 미숙함을 인정하고 도움을 구하며 스스로 영성 훈련을 위한 시간을 가지는 것을 거부하게 만든다.

뿐만 아니라 목회자의 '멋진 설교'와 '멋진 기도,' 그러나 자기에게는 전혀 적용하지 않는 그런 행위들이 어느새 목회자 자신의 영성을 죽이고 이중적이고 위선적인 종교 지도자를 만들어버리고 만다.

목회자의 탈진

복잡하고 다양해진 삶의 패턴이 그 어느 때보다도 사람을 지치게 만들고 있다. 매사에 의욕이 없고 마냥 쉬고 싶어지는 현상을 가리켜 탈진이라고 한다. 목회자라고 예외는 아니다. 목회자는 바쁘고 피곤해야 한다는 것이 일반의 상식이다. 그러나 유진 피터슨 목사는 '바쁜 목사'라는 말은 '간통하는 아내'라는 말만큼 목회자에게 어울리지 않는 것이라고 역설한다.

목회자가 탈진하면 어떤 현상이 나타나게 되는가? 먼저 목회자의 성품에 나타나는 현상들을 보면, 조급해지고 분노를 잘 느끼고 부정적이 되고 우울해지며 쉽게 좌절감에 빠진다. 행동적인 면에서 보면, 교인들을 사무적으로 대하게 되고, 남의 눈에 드러나는 일에 매달리며, 분주히 다니지만 자신을 과시하기 위한 허영심으로 바쁘며, 교회의 중요한 일을 결정하고 지시하고 목표를 세우는 일을 게을리 하며 회피한다.

탈진으로부터 오는 영적 매너리즘에 빠져 알맹이 없는 목회를 하고, 그로 인해 영적으로 불안정해지면 성도들에게 영향이 가고, 이것이 교회 갈등의 요인으로 작용한다. 그러므로 목회자는 먼저 깊이 있는 말씀 묵상과 기도를 통한 영성 훈련으로 탈진에서 벗어나야 한다. 또한 정기적으로 운동 시간을 갖는다든지, 안식년이나 정기적인 휴가를 갖는 것이 탈진을 예방하고 치료하는 데 효과적인 방법이라 할 수 있다.

이상에서 살펴본 교회 갈등과 분쟁의 10가지 원인들이 교회에 나타나는 문제의 유일한 요인으로 작용하는 예는 매우 드물다. 여러 요인들이 복합적으로 작용하여 교회 갈등과 분쟁을 더 복잡하고 풀기 어려운 상태로 만들어가는 것이 다반사이다. 교회 갈등의 문제를 이해하려고 할 때에는 이와 같은 요인들을 나누어 생각할 수 있지만, 실제적인 치유와 극복의 전략적인 방법을 모색할 때는 분석적인 접근 방법보다는 종합적인 접근 방법이 오히려 효과적이라고 볼 수 있다.

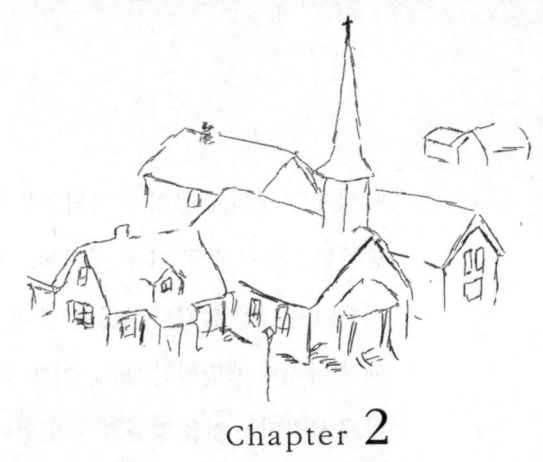

Chapter 2

갈등예방과 극복을 위한 교육과 훈련

앞 장에서 다룬 교회 갈등의 요인들을 분석해보면 뜻밖에 사소한 원인들이 큰 갈등으로 비화하는 경우가 많다. 이때 이차적이고 부수적인 요인으로 작용하여 교회 갈등을 헤어나기 어려운 진흙탕으로 만들어버리는 요소가 있다. 그것은 서로 다른 것과 틀린 것, 곧 다양한 것과 잘못된 것을 식별하지 못해서 나타나는 문제이다.

하나님께서 우리를 지으시고 빚어가시는 방법과 과정은 아주 다양하다. 그런데 하나님의 창조에 의해 나타나는 개인적인 다양함과 우리의 인격 형성 과정 가운데 사회적 요인에 의해 나타나는 다른 점들을 잘못 이해하면 '상대방과 내가 다른 점'을 영적 싸움, 혹은 반드시 이겨야 할 사단적인 요소로 해석해버린다. 이렇게 되면 교회 갈등은 돌이킬 수 없을 정도로 파괴적인 성향을 띠게 된다.

실제로 교회 갈등이 심화되었을 때 전교인 수련회에서 기질에 대해 공부함으로써 서로 다른 기질에도 불구하고 어떻게 교회에서 조화를 이루어 주님을 섬길 수 있는가를 훈련한 적이 있다. 그 결과 교회 갈등에 지나치게 예민했던 태도, 이해 부족으로 나타났던 불편함들이 현저하게 사라지는 것을 경험할 수 있었다.

기질에 대한 참고할 만한 서적으로는 이 분야에 고전이라고 할 수 있는 팀 라헤이 박사의 『성령과 기질』(생명의 말씀사), 『기질 학습과 영적 성숙』(손경구 저, 두란노), 그리고 『기질로 읽는 내 삶의 프로파일』(홍광수 저, NCD) 등을 꼽을 수 있다. 한편 누구에게나 있게 마련인 과거의 상처와 거기서 비롯된 성도 사이의 갈등, 교회관의 차이나 부재에서 오는 갈등, 그리고 성경적이지 못한 리더십에서 오는 갈등은 거기에 맞는 교육이나 훈련을 통하여 극복할 수 있다.

이 장에서는 이 네 가지 사항들을 순서적으로 살펴보겠다.

1. 다양한 성격

교회는 예수님께서 무한한 사랑으로 인간을 구원하셨다는 진리를 믿고 받아들인 사람들이 모인 공동체이다. 그리고 하나님의 크신 사랑으로 부름 받은 사람들이 서로 사랑하면서 인격적인 교제를 나누는 공동체이다. 이렇게 보면 교회는 사랑이 넘치는 지상천국이 돼야 할 텐데 실제로는 그렇지 못한 경우가 허다하다. 여러 사람이 모이다보니 사람이 일으킬 수 있는 문제란 문제는 모두 다 생긴다.

앞서 언급한 대로 한국 교회나 이민 교회들이 경험하는 교회 갈등은 구성원들 개개인의 특성 차이에서 비롯되는 예가 상당히 많다. 서로 다르다는 사실이 단순한 차이점에 머물지 않고 교회를 흔들어 넘어뜨리려는 사단의 공격 수단이 되곤 한다. 교인 개개인의 성격이 어떠냐에 따라서 교회 공동체에 미치는 영향이 큼을 교회들은 경험하고 있다.

교회도 인간이 모인 곳이기 때문에 공동체 안에서 인간적인 다양성이 드러나게 마련이고, 충돌도 있고 갈등도 있을 수밖에 없다. 그러므로 교인들이 서로 간에 다른 성격을 이해하며 받아들이면서 서로 사랑의 관계를 형성할 때 성격 차이로 오는 갈등을 최소화하거나 극복할 수 있다.

그러므로 먼저 공동체 생활에서 성격이 어떻게 문제가 되는지 알아보고, 각기 다른 성격을 어떻게 수용해서 아름다운 공동체를 이룰 수 있는지 살펴보자.

성격이란 무엇인가? 종종 "그 사람 성격 참 좋아"라든지, "그 사람 성격이 참 부드러워", 또는 "그 사람 성격이 참 못됐어"라는 말을 듣곤 한다. 이렇듯 우리가 어떤 사람의 성격을 평가하거나 묘사할 때 그 사람이 다른 사람과 맺는 관계 속에 나타나는 성향을 두고 말한다.

따라서 인간관계에는 각자의 성격이 필수적으로 반영되게 되어 있으며, 이때 나타나는 성격 차이로 말미암아 이런저런 문제가 발생한다. 성격 차이는 목회자 간의 관계, 목회자와 당회원과의 관계, 제직 간의 관계, 교회 리더들과 교인들 간의 관계, 그리고 소그룹 리더와 구성원들과의 관계 속에서 나타난다. 그러므로 성격 차이가 교회 갈등의 주된 문제로 발전하는 것은 자연스러운 일이다.

성격은 넓은 의미에서 '마음'이라고 정의할 수 있다. 마음에 행동, 생각, 느낌이 다 포함되어 있기 때문이다. "저 사람은 마음이 착하다", "그 사람은 마음이 부드럽다"는 표현 역시 성격과 별 차이 없이 쓰이는 말이다. 따라서 성격은 환경에 대한 적응을 결정짓는 특징, 곧 사고, 행동, 감정이라고 말할 수 있겠다.

예를 들어, 남에게 공격적인 행동을 하는 사람은 성격이 거칠다고 말하고, 인정이 많고 감정 표현이나 눈물이 풍성한 사람을 가리킬 때는 성격이 부드럽다고 말한다. 어떤 사람은 성격이 무미건조한가 하면, 어떤 사람은 차갑다.

성격에는 어떠한 유형이 있는가?

성격의 유형을 알아보면 성격을 이해하는 데 도움이 된다. 심리학에서는 성격 유형에 대해 수많은 학설이 있는데, 여기서는 우리에게 가장 낯익고 보편적이면서, 교회 갈등을 극복하기 위하여 서로를 잘 이해할 수 있는 히포크라테스(Hippocrates)의 기질론(temperaments)을 중심으로 살펴볼 것이다.

주전 400년경 그리스의 철학자이며 의사였던 히포크라테스는 인간의 기질을 다혈질, 우울질, 담즙질, 점액질로 구분했다. 그는 인간의 기질이 사람의 몸속에서 만들어지는 체액과 관련이 있다고 생각했다. 사람의 몸은 피(blood), 흑담즙(black bile), 황담즙(yellow bile), 점액(phlegm)과 같은 네 가지 체액을 생성하는데, 이러한 체액이 기질을 만든다고 본 것이다. 히포크라테스에 따르면 피의 성분은 다혈질을 만들고, 흑담즙은 우울질, 황담즙은 담즙질, 점액은 점액질을 만든다.

다혈질

다혈질의 특징 가운데 우선 장점을 든다면, 낙천적이고 외향적이면서 정이 많고 따뜻하며 친밀하다는 것 등이다. 다혈질은 말을 잘하며 풍부한 정열을 가지고 있어서 어떤 환경에서도 기쁨으로 행복하게 지낼 수 있다. 다른 사람들과 기쁨, 슬픔을 함께 나누면서 여러 사람들에게 둘러싸여 있는 것을 좋아하기 때문에 새로운 친구 사귀는 것을 좋아한다.

"기뻐하는 사람과 함께 기뻐하고 슬퍼하는 사람과 함께 슬퍼하라"(롬)는 말씀을 가장 쉽게 지킬 수 있는 성격이다. 그러므로 주위에 도움이 필요한 사람들을 가장 잘 도울 수 있는 유형의 사람이다.

그러나 이 성격은 일은 곧잘 시작하지만 의지가 약해 끝마무리를 잘 하지 못하는 약점이 있다. 신앙생활 할 때도 성경 읽기를 무척 어렵게 느끼고, 교회를 섬기는 일도 꾸준하고 충성스럽게 하지 못한다. 약한 의지력 때문에 압력을 잘 이기지 못하고, 현재의 유혹 아래서 과거에 한 약속이나 결심을 쉽게 잊어버리기에 신용이 없는 사람이란 말을 듣는다. 불안정하고 성급하고 충동적이기 때문에 일을 잘 저지르는 행동가이다.

또한 과장이나 허풍이 심한 경우가 많다. 성격이 온화해도 화를 버럭 내는 경우가 있고 한번 폭발한 후에는 쉽게 잊어버린다. 남에게 쉽게 상처를 입히기도 하는데, 상대방은 다혈질에 의해 무척 괴로워하고 있는데도 정작 자신은 '나는 뒤끝이 없어' 하며 아무렇지도 않게 지낼 수 있는 사람이기도 하다. 다혈질은 다른 사람들의 관심과 칭찬을 삶의 원동력으로 삼는다.

우울질

우울질은 다혈질의 반대 기질로서, 모든 기질 중에서 가장 풍요한 기질이다. 예민한 감수성을 가지고 있고 분석적이고 재능이 많다. 감정적으로 예민하지만 사려 깊고 이상적이면서도 완벽주의자이다. 많은 사람을 사귀지는 않지만 한번 사귄 친구를 위해서는 목숨을 버릴 정도로 믿을 수 있는 친구이다. 일반적으로 남들 앞에 나서는 것을 싫어하기 때문에 두드러져 보이지 않는다. 그래서 뒤에서 일하는 것을 좋아하며 주위 사람들을 위해서 매우 희생적이다.

이러한 특별한 재능에 비해 여러 가지 약점 때문에 그 재능이 감추어질 수도 있다. 지나치게 내성적이며 항상 심사숙고하고 분석적이기 때문에 비판적인 성향을 가지기 쉽다. 자신이 접하는 문제는 어느 것이나 큰 문제로 보여 쉽게 좌절하고 부정적이 되어서 염세주의적인 우울증 환자가 되기 쉽다. 몇 사람이 소곤소곤 얘기만 해도 자신에 대해 말하고 있다고 단정할 정도로 부정적인 감정 또한 예민하다. 가까운 사람에게는 희생적이지만 그렇지 못한 사람들에게는 정 반대로 자기중심적이고 이기적으로 보인다. 비사교적이어서 혼자 있는 경우가 많고, 많은 사람들이 있는 자리에 가면 언제나 피곤해 하고 그 자리를 피하려 한다.

담즙질

담즙질은 의지가 강하고 마음이 굳고 자립심이 강하다. 천성적인 자기 신뢰로 인해 현실적이면서도 낙천적이고 자신감이 있다. 새로운 일을 위해 안전한 환경을 기꺼이 떠날 만큼 모험심도 있고 남보다 앞선 사고방식도 가지고 있다. 역경이 있을 때 쉽게 좌절하지 않는다. 역경을 이기고 꼭 그 일을 완수해야 한다는 열정을 가지고 그 일을 대한다. 예민한 관찰력을 갖추고 있어서 순간순간 상황을 잘 파악하여 가장 효과적인 방법으로 그 일을 해결해 나간다. 다른 기질에 비해서 실제적인 면에 치중하는 경향이 가장 강하며 모든 일을 실리를 기준으로 평가한다.

담즙질이 지닌 커다란 약점은 감정이 너무 메말랐다는 것이다. 동정심을 갖는 것을 쓸데없이 감상적인 것이라고 멸시하기도 하고 뻔뻔스러운 행동도 쉽게 한다. 화를 잘 내고 그 후에는 계속 원한을 품는 버릇이 있다. 많은 경우에 인정이 없고 퉁명스러우며, 냉소적인 말을 냉정하게 내뱉는다. 좀처럼 남의 말을 경청하지 않으며 강한 독립심과 자만심 때문에 "남을 무시하고 거만하다"는 말을 듣는다. 남에게 잘못을 한 후에도 사과하는 것을 못 견딘다.

점액질

네 가지 기질 중에서 한국 사람에게 가장 많이 나타나는 우성기질이라고 심리학자들은 이야기한다. 실제로 우리 교회를 대상으로 조사한 결과, 약 50%에 해당하는 교우들이 점액질인 것으로 판별되었다. 담즙질과 반대 기질인 점액질은 태평스러우면서도 유연하기 때문에 어떤 환경에서나 감정을 잘 조절한다. 이 기질은 겉으로 보기에 조용하고 냉정한 것처럼 보이는데 실제로는 재주도 많고 감정도 풍부하다. 사람들을 좋아하며 유머 감각이 넘치고 친절하고 동정심이 많아 다른 사람을 화목하게 하는 '피스 메이커(peace maker)'이다.

또한 남의 이야기를 잘 들어주는데, 자기 자신과 말하는 사람을 동일시하지 않기에 객관적인 거리를 지키면서 이야기를 듣는다. 책임감이 강하며 보수적이면서도 신뢰감을 주는 사람이다. 시간적인 계획을 잘 지키는 면에서 믿을 만한 사람이다. 완벽주의자는 아니지만 높은 수준의 정확성과 정밀성을 지니고 있다. 정리 정돈을 잘하며 우울질만큼 친구에 빠지지는 않지만 비교적 충실한 친구가 될 수 있는 유형이다.

반면에 이 점액질에게는 게으름이라는 단점이 있어서, '방관자'로 보일 만큼 뚜렷한 목적의식이 없이 생활하는 경우가 많다. 좀처럼 흥분하지 않고 매사에 소극적이며 이기적인 모습을 보인다. 계산이 빠르기 때문에 '이 일을 하면 내가 어떤 희생을 치러야 하는가'를 항상 생각하기 때문에 이기적이라는 비난을 피하기 위해 매사에 불평불만을 많이 토로한다.

점액질은 시간이 갈수록 결단력이 약해지기 때문에, 기본적으로 어떤 일에 쉽게 가담하지 않는다. 특유의 우유부단함이 약점이다. 이기심으로 인하여 어떠한 일에 참여할 때에도 자기가 필요하다고 생각하는 부분에만 '부분적으로' 참여하는 경향을 보인다. 나이가 들어가면서 고집스러워지는 성향이 있지만 이러한 고집을 태평스러운 '유머'로 감추어버리는 재주가 있다.

이상 네 가지 기질, 또는 성격의 유형을 나누어서 살펴본 이유는 이렇다. 다른 성격을 지닌 성도들이 한 교회 안에서 주님을 섬기며 교회를 이룰 때 각 기질의 단점들이 나타나면서 불편한 관계가 시작된다. 불편한 관계는 곧 갈등의 불씨가 되며, 이 불씨는 서서히 주님의 몸을 무너뜨리는 파괴적인 불꽃으로 발전한다.

자신에게 있는 단점이 어떻게 성도 간의 관계 속에서 교회를 허무는 요인으로 작용하는가를 살펴서 빨리 고치고 회개하는 적극적인 접근 방식, 동시에 다른 이들에게서 단점들이 보일 때 그들을 위해 기도해주며 성령님의 치유 가운데 변화되기를 기다리는 소극적 접근 방식을 취할 때, 교회 갈등을 미리 차단하고 조기에 진압할 수 있다.

그러면 각 기질의 단점이 어떻게 교회 갈등의 요소로 작용할 수 있는지 살펴보도록 하자.

■ 성격의 단점들이 갈등의 요인으로 나타날 때

다혈질의 경우

다혈질 목회자

목회자가 다혈질인 경우 가장 심각한 문제는 말의 실수가 많다는 것이다. 평신도와는 달리 목회자는 하나님의 말씀을 선포하고 진리를 파수하는 중요한 역할을 담당해야 한다. 말의 실수가 많고 과장과 허풍이 심하면 강단에서 외치는 말씀의 권위와 신뢰가 떨어진다. 그 결과 교회의 주된 기능 중 말씀 선포라는 중요한 사역이 약화되고, 그것이 갈등의 요인이 된다. 그러므로 다혈질의 목회자는 말을 절제하는 훈련이 필요하다.

반면에 말을 잘한다는 것이 다혈질 목회자의 뛰어난 장점이다. 목회자로서 설교를 재미있고 감동적으로 할 수 있다. 똑같은 이야기도 다혈질이 하면 재미있고 실감이 난다. 그러나 절제 없는 허풍, 과장, 또는 농담으로 전락하면 정반대 결과가 나타난다. 이런 역효과를 막기 위해서는 사석에서나 성도들과의 대화 도중에 쓸데없는 말을 줄이는 훈련을 해야 한다.

또 다혈질의 목회자는 교인들로부터 용두사미라는 평가를 자주 받을 수 있다. 목회 방향과 계획이 쉽게 바뀌고, 일관성 없이 새로운 프로그램을 도입했다가 효과가 없어 보이면 바로 중단하고 다른 프로그램으로 대치하는 일들이 자주 발생한다. 이렇게 되면 성도들은 목회자가 신중하지 못하다고 생각하여 신뢰하지 않는다. 어떤 프로그램이 결과가 바로 보이지 않고 실효성이 없다고 평가되어도 인내를 가지고 기다리며 지속적으로 추진하면 잃는 것보다 얻는 것이 많다.

다혈질 목회자가 범하기 쉬운 또 하나의 실수는 교인들의 칭찬과 호응에 지나치게 매달린다는 점이다. 바울은 "내가 하나님을 기쁘시게 하랴 사람을 기쁘게 하랴 사람을 기쁘게 하려면 하나님의 종이 아니니라"고 고백했다. 1장에서 다룬 갈등 요인 중에서 첫 번째 K 목사의 경우가 바로 교인들의 칭찬이나 평가에 지나치게 귀를 기울이느라 하나님께서 원하시는 것은 소홀히 했던 경우인데, 여기에는 K 목사의 기질적인 약점이 교회 갈등의 요인으로 작용했다고 볼 수 있다.

성경 인물

성경에서 다혈질의 예를 찾는다면 누구보다 베드로를 손꼽을 수 있다. 그는 앞뒤 가리지 않고 그냥 물로 뛰어 들었던 거칠고 충동적인 성격의 사람이었다. "오늘 밤 너희들이 다 나를 버리고 도망할 것이다"는 주님의 말씀에 그는 즉각 "주여, 다른 제자는 다 그럴지 몰라도 저는 절대 그렇지 않을 것입니다. 주님과 함께 죽으러 가겠습니다"라고 장담했다.

그러나 의지가 약해서 자기가 했던 다짐을 저버리고 주님을 배반했다. 뿐만 아니라 이방인들과 함께 식사를 하다가 유대인들이 오자 그들에게 비난을 받을까봐 슬그머니 자리를 피하는 비겁한 행동을 해서 바울에게 핀잔을 받기도 했다.

하지만 후에 성령으로 충만하게 되었을 때 누구보다도 강한 존재로 변모했다. 성령으로 충만하게 되자 충동성, 의지 박약, 비겁함의 성향이 사라지고 대담성, 지혜, 겸손, 인내, 통솔력 등을 갖춘 뛰어난 지도자로 변해서 하나님께 영광을 돌릴 수 있었다. 일관성 없고 뼈대 없이 흐느적거리는 사람이라도 하나님의 능력이 함께하셔서 성령으로 도우실 때 유능한 일꾼이 된다.

다혈질 교인

　다혈질 교인의 단점이 교회 갈등을 일으킬 수 있다. 당회나 제직회의 중요한 위치에서 어떤 결정을 성급하게 내리는 경우이다. 목회자가 이 점을 미리 통제하거나 조절하지 못하면 성급하고 충동적인 결정이 목회자에게 큰 짐으로 전가된다. 미리 상의도 없이 불쑥 내민 계획안에 목회자가 우유부단하게 따라가면 나중에 큰 낭패를 당하는 경우가 많다.

　이러한 기질의 교인은 교회 안에서 좌충우돌하여 문제를 일으키기도 하는데, 본인에게 유리하다고 판단되면 목회자의 이름까지 적당히 팔아가며 다른 교인들에게 자기의 의견을 관철하는 경우도 있다. 그런가 하면 목회자가 관심을 잘 가져 주지 않는다든지 열심히 어떤 일을 완수했는데도 목회자가 칭찬을 하지 않으면 금방 실망하고 낙심해서 꼭 있어야 할 사리에 모습을 드러내지 않아 일을 낭패로 만드는 경우도 허다하다.

　다혈질 교인이 어떤 일에 책임을 맡으면 남들도 모두 다 그 일에 관심을 갖고 있으려니 하고 단정한다. 그러다가 주위 사람들에게 비난을 받고 나중에 사실을 알면 화를 버럭 내고 일을 중단해버린다. 목회자는 다혈질 교인들을 가급적이면 잘 통제하고 감독해서 문제가 커지지 않도록 조기에 갈등을 막는 지혜가 필요하다.

우울질의 경우

우울질 목회자

우울질 목회자는 지나치게 자기중심적이고 비사교적이라는 점에서 갈등의 요인을 만들 수 있다. 강단에서는 이웃 사랑과 희생을 외치지만 너무 이기적이어서 교인들조차 사랑하지 않는 듯 보인다. 특히 작은 규모의 교회에서는 우울질 목회자의 기질적인 단점이 치명적인 교회 갈등을 불러일으킬 수 있다. 목회자의 부인이 다혈질일 경우 목회자의 기질적인 약점을 보완할 수 있지만 근본적인 해결책은 되지 못한다.

우울질 목회자는 분석적이고 매사에 깊이 생각하는 특징을 지니고 있는데, 이 기질이 부정적인 성격과 맞물려 나타나면 교인들의 연약한 면을 백안시하기 때문에 격려와 칭찬을 통하여 자라야 할 초신자들이 오히려 성장하지 못하게 된다. 게다가 완벽주의적인 성품 때문에 당회나 제직회가 만장일치로 목회자를 지지하지 않으면 비관적인 생각에 빠져 쉽게 갈 수 있는 길도 빙빙 돌아가는 경우가 많다. 추진력 있게 일을 진행해야 할 경우에도 소극적이고 부정적으로 일을 처리함으로써 당회원들이나 중직자들에게 비난을 받게 되어 갈등의 불씨가 일어난다.

이 기질의 목회자는 나쁜 점을 과장해서 보는 기질상의 단점을 극복하기 위해 먼저 하나님께서 자신에게 주신 은사를 확인하고 영적인 자존감을 찾기 위한 영적 훈련을 해야 한다. "하나님을 사랑하는 자 곧 그

뜻대로 부르심을 입은 자들에게는 모든 것이 합력하여 선을 이루느니라(롬 8:28)"는 약속의 말씀을 붙잡고, 하나님께서 모든 일을 아시고 간섭하시며 일하신다는 확신과 그 약속을 의지하는 훈련을 해야 한다. 또한 팀 목회의 원리와 방법을 학습하여 하나님께서 자신의 연약한 부분을 보충하시기 위해 세우신 동역자들이나 평신도 지도자들과 함께 사역하는 지혜를 길러야 한다.

성경 인물

성경에서 우울질 성격을 가진 사람으로 모세가 있다. 그는 재능이 풍부함에도 불구하고 자기는 아무 재능이 없고 말도 할 줄 모르고 아무도 자기의 말을 듣지 않을 것이라고 말하며 애굽의 바로 앞에 가기를 거부했다. 그리고 이스라엘 백성들을 가나안으로 인도하는 과정에서 자신에게 지워진 고통스러운 짐 때문에 심각한 우울증 증상을 보이면서 하나님께 죽여 달라고 간구하기도 했다. 여러 번 실수를 하지만 하나님께서 나타나실 때마다 죄를 회개하고 하나님께 굴복하며 순종했던 모세는 그러한 순종을 통해 성령 충만한 가운데 하나님께 잡힌 바 되었으며, 능력 있는 지도자로 생애를 마칠 수 있었다.

우울질 교인

우울질 교인이 교회 갈등을 일으키는 경우는 그리 많지 않다. 소극적이고 내성적인 특성 때문이다. 그러나 당회나 제직회의 일원이 되어 목회자와 가깝게 일하게 될 때 목회자와의 관계 속에서 문제를 일으킨다. 대부분 이 기질 소유자들의 예민한 성격이 과거의 상처와 연관되어 나타나는데, 주로 목회자에 대한 비난과 목회자를 냉대하는 콤플렉스라고 볼 수 있다.

다음에 나오는 '상처와 갈등'에서 더 자세히 다루겠지만 치유되지 못한 상처의 쓴 뿌리가 우울질 교인의 비관적인 성격을 통해 나타날 때 그 현상이 매우 파괴적이다. 집요한 복수심으로 목회자를 공격함으로써 교회가 깊은 갈등의 수렁에 빠진다. 목회자 자신이 감정적인 면에서 크게 상처를 입게 되기 때문에 문제가 해결된 다음에도 계속 불편한 관계가 남아 목회에 어려움을 주는 경우가 많다.

이러한 교인들의 경우에는 문제가 발생한 다음에 풀어나가려는 방법보다는 예방 차원에서 미리 갈등을 막는 것이 지혜롭다. 우울질의 교인이 당회나 제직회의 중요한 직책을 맡았다면 목회자는 남다른 관심과 빈번한 대화를 통해 꾸준하고 긍정적인 관계를 형성하는 것이 중요하다.

담즙질의 경우

담즙질 목회자

목회자가 담즙질이라는 강한 기질을 갖고 있는 경우, 감정이 무디기 때문에 교인들에게 세세한 관심을 기울여 주지 않는다. 그리고 남의 말에 귀를 기울이지 않고 본인이 옳다고 생각하면 양보가 없이 밀어붙이기 때문에 연약한 교인들이 상처를 많이 입는다. 이 기질의 목회자는 분노를 잘 폭발하고, 한 번 화를 낸 후에는 불쾌하게 생각했던 교인에 대하여 계속 감정을 가지고 대하므로 용서를 모르는 잔인한 사람으로 비춰지기도 한다.

강한 추진력으로 교회 일을 처리하는 데는 큰 능력을 발휘한다. 반면, 그 일을 이루기까지 많은 교인들에게 고통을 줄 수도 있다. 자신이 분명히 잘못한 일이라 할지라도 좀처럼 인정하려 들지 않는다. 자신의 잘못이 분명히 드러났을 때 곧바로 당회에서나 제직회에서 시인하고 사과하면 쉽게 끝날 수 있는 일을 고집으로 버팀으로써 큰 문제로 만드는 경우도 많다. 중요한 사안들을 결정할 때 합리적인 분석보다는 직감에 의해 결정하기도 한다. 강력한 지도력을 발휘하기도 하지만 성경적인 지도력과 상충되는 경우가 많이 생긴다. 목회자의 강한 독립심과 자신감이 신앙적인 독선의 옷을 입게 되면 거만한 모습으로 나타나므로, 옆에서 함께 사역하거나 돕는 사람들이 도무지 비위를 맞출 수 없는 인물이라고 평가하기도 한다.

성경 인물

사도 바울은 강한 의지와 단호함, 활동성과 자만심, 현실적이면서도 개혁적인 성격 때문에 한때 그리스도인들을 핍박하는 데 앞장섰다. 그러나 다메섹 도상에서 주님을 만난 후 자기를 쳐서 주님께 복종시키는 믿음의 소유자가 되었다. 강한 의지, 끈기, 단호함, 그리고 투철함을 주님의 뜻에 맞게 사용한 것이다.

"내가 수고를 넘치도록 하고 옥에 갇히기도 더 많이 하고 매도 수없이 맞고 여러 번 죽을 뻔하였으니 유대인들에게 사십에 하나 감한 매를 다섯 번이나 맞았으며 세 번 태장으로 맞고 한 번 돌로 맞고 세 번 파선하는데 일주야를 깊음에서 지냈으며 여러 번 여행에 강의 위험과 강도의 위험과 동족의 위험과 이방인의 위험과 시내의 위험과 광야의 위험과 바다의 위험과 거짓 형제 중의 위험을 당하고 또 수고하며 애쓰고 여러 번 자지 못하고 주리며 목마르고 여러 번 굶고 춥고 헐벗었노라"(고후 11:23~28).

담즙질 목회자는 성령 충만함으로 무장되었을 때 이와 같이 하나님의 능력을 나타내는 위대한 종이 될 수 있다.

담즙질 교인

담즙질의 교인도 역시 교회의 중요한 위치에서 사역을 하면서 기질의 단점이 강하게 드러낼 때 목회자에게 이보다 더 부담스러운 존재는 없을 것이다. 담즙질 교인은 웬만해서는 목회자의 의견에 동의하지 않고 자기 확신에 차서 자신의 생각을 완강하게 고집하기 때문이다. 무엇이 좀더 나은 선택인가가 아니라 무엇이 올바른가의 문제일 때, 진리를 지켜야 할 목회자로서는 물러설 수 없으므로 교회 갈등은 쉽게 극심한 분쟁으로 치닫는다.

담즙질은 특히 신앙 안에서 자기 의(義)가 강한 사람으로 드러나는데, 목회자와 생각이 다를 경우 자신의 의로움에 근거하여 무서울 정도의 전투력을 보인다. 이 기질의 사람은 교회 갈등이 시작되면 자신의 생각을 관철하고 자신의 목적을 달성하기 위해서라면 좋지 않은 방법이라도 용인하는 비성경적인 태도를 취하는데, 이러한 과정에서 교회와 교인들은 심한 상처를 많이 받게 된다.

담즙질 교인이 교회 갈등의 주요한 원인이 되었을 때 목회자가 권위의식을 가지고 접근하면 오히려 문제가 더 어려워진다. 상대방을 인정해 주면서 주님의 뜻에 따라 함께 낮아지고 함께 순종할 것을 권면해야 한다. 담즙질 교인이 주님의 겸손함을 배워서 자신의 연약함을 고백하는 신앙의 사람으로 성장한다면 그보다 더 충성스럽고 신실한 일꾼을 찾기가 힘들다고 보면 된다. 이 기질을 지닌 교인이 진리를 거스르고 자신의 오만함으로 교회를 계속 어지럽힐 때, 목회자 홀로 부딪치는 것보다는 상회(노회나 연회 등)의 협조를 얻어 일을 처리하는 것이 교회에 큰 상처를 입히지 않고 문제를 조기에 진화하는 방법이다.

점액질의 경우

점액질 목회자

한국인에게서 가장 많이 나타나는 기질인 점액질은 목회자에게서도 가장 많이 발견된다. 점액질 목회자는 기질상 교회 갈등에 휘둘리지 않으며 평화롭게 목회를 하는 스타일이다. 그러나 예외도 있다. 주님의 교회와 성도들 안에 건설되어 가는 하나님의 나라를 파괴하려는 악한 사단은 점액질의 목회자가 온유하고 평화를 추구하는 장점을 가지고 있음에도 불구하고 이 기질이 가지는 단점을 최대한으로 이용하여 교회 갈등을 조장한다.

점액질 목회자에게서 나타나는 두드러진 단점은 열정 없이 무사안일주의로 사역한다는 것이다. 모험을 싫어하는 성격이 주님의 능력과 섭리에 대한 불신앙과 연관되어 있다면 목회자로서 이보다 더 치명적인 약점은 없을 것이다. "네가 차지도 아니하고 더웁지도 아니하도다 네가 차든지 더웁든지 하기를 원하노라"고 꾸중을 들은 라오디게아 교회가 점액질의 단점을 강하게 나타내는 전형적인 모습이라 할 수 있다.

교역자 연합회에서 어떤 목회자가 "교회에 문제를 안 일으키려면 일을 만들지 말라"고 조언하는 것을 들은 적이 있다. 그 말을 뒤집어보면 열심히 일하려고 하면 문제가 생기니 그저 주어진 일만 잘 하라는 것이다. 한 생명이라도 더 구원하여 주님의 제자로 양육해야 할 교회가 갈등이 두려워서 오늘에 만족하며 비전과 열정 없이 하루하루 지내는 것이 과연 하나님의 뜻일까?

점액질 목회자는 갈등을 잘 일으키지 않고 태평한 모습으로 사역할 수 있을 것 같지만 신앙이 아닌 개인의 신념, 혹은 고집이 평화로운 모습으로 포장되어 나타날 때 열정과 믿음으로 교회를 섬기기 원하는 교인들과의 마찰을 피할 수 없다.

점액질 목회자는 자신에게서 열심이 식고 있지는 않는지 항상 점검해야 한다. 처음 하나님의 종으로 소명을 받고 감격과 열정으로 사역하던 첫사랑이 식지 않도록 하나님과의 영적인 교제를 통하여 자신의 영성을 늘 체크해야 한다.

성경 인물

성경에서 찾을 수 있는 점액질의 사람으로는 아브라함을 꼽을 수 있다. 그는 우유부단하고 수동적이며 조용하고 평화를 좋아하며 두려움이 많았으나 신뢰할 수 있는 기질의 사람이었다. 두려움 때문에 아내를 누이라고 속이기도 했고, 갈대아 우르를 떠날 때는 안전을 위한 방패로 롯을 데리고 가기도 했다.

그의 생애를 더듬어보면 기질의 단점이 작용할 때마다 여러 가지 문제들을 겪었음을 본다. 실제로 아브라함이 하나님을 온전히 신뢰하기까지는 오랜 시간이 필요했고, 그가 하나님만을 신뢰하는 사람이 되었을 때 하나님께서는 그에게 약속하신 복을 다시 확인시켜 주셨다. 점액질은 하나님만 전적으로 신뢰하고 주님께서 주시는 열정으로 무장할 때, 하나님의 손에 붙들려 크게 쓰임을 받는다.

점액질 교인

점액질 교인이 교회 갈등의 한복판에 서는 경우는 거의 없다. 그럼에도 불구하고 교회가 올바른 방향을 향해 앞으로 나아가며 회복되어야 할 시점에서 이들이 침묵하는 다수가 되어 브레이크 역할을 하면 교회 갈등과 분쟁은 쉽사리 해결되지 않는다. 다시 말해서 소극적이고 관망하는 태도를 가지고 교회를 섬기는 이들이 많을 때, 갈등을 극복하고 회복과 부흥을 소망하며 문제를 해결하려는 노력에 찬물을 끼얹었다는 것이다.

이 기질의 교인은 교회 갈등과 분쟁 가운데 절대로 가담하지 않는다는 장점이 있는 반면, 교회가 부흥과 회복으로 타올라야 할 시점에서도 긍정적인 기여를 하지 않는 취약점을 가지고 있다. 또 한 가지 문제점은 다수의 점액질 교인들이 강력한 리더십을 가진 담즙질이나 다혈질의 지도자를 따라서 부화뇌동하는 경우 역시 교회 갈등이 더 깊은 늪으로 빠질 수 있는 것이다.

네 가지 기질이 각각 교회 갈등에 어떠한 부정적인 영향력을 끼치는지 생각해보았다. 하지만 실제로는 이 네 가지 기질이 복합적으로 다양하게 나타난다. 복합 기질을 더 자세히 이해하기 위해서는 『기질 학습과 영적 성숙』(손경구 저, 두란노)을 참조하는 것이 도움이 될 것이다.

기질에 따른 장단점과 그것이 어떻게 성도들 사이에서 교회 갈등으로 이어질 수 있는가를 이해했다고 교회 갈등이 극복될 수 있을까? 아니다. 먼저 기질의 장단점과 교회 안에서 나타나는 순기능과 역기능을 교인들에게 교육시키고 훈련하여 서로를 이해하고 인내하며 기다리게

함으로써 교회 갈등을 예방하고, 또한 갈등이 발생했을 때 갈등의 정도와 속도를 완화시킬 수 있다.

첫 단계에 해당하는 교육적인 접근방식만이 교회 갈등을 푸는 방법으로 생각하면 오산이다. 두 번째 단계인 장기적인 영성훈련이 뒤따라 주지 않는다면 기질 공부나 학습을 통해 갈등의 속도만 늦출 수 있을 뿐이다. 영성훈련은 성령 충만을 지향하는 훈련이다. 성령님께서 도우실 때 우리는 각 기질이 가지는 연약함과 단점을 벗어버릴 수 있다. 그래야만 우리가 속한 교회가 화목함과 하나 됨이 이루어지는 건강한 교회가 될 수 있다.

2. 상한 마음의 치유

주님의 몸 된 교회의 지체로 부름을 받은 사람들 가운데 어느 누구도 교회를 해하거나 다른 교인들, 또는 목회자에게 고통을 주려고 교회에 출석하는 사람은 없을 것이다. 그런데 왜 우리는 교회에서 일어나는 갈등의 원인을 제공 하기도 하고, 또한 갈등으로 인해 고통을 당하기도 하는가? 교회 안에서 관계의 장애로 인해 나타나는 갈등의 뿌리에는 치유 사역에서 말하는 상처, 곧 상한 마음이 있다.

갈등을 키우는 상처

마음에 상처를 입었으나 그 상처가 적절하게 치료되지 않았을 때 우리는 그것을 덮기 위한 방어기재를 동원한다. 그렇게 되면 그 방어기재가 감정을 왜곡하고 뒤틀리게 하여 원치 않는 증상들을 일으키거나 우리 자신을 삐뚤어지게 만들기도 한다.

각 사람의 마음, 곧 성격의 형성에 영향을 주는 것은 여러 가지가 있지만 가장 중요한 것은 심리적 환경이다. 성격이 형성되는 어린 시절의 심리적 환경은 부모를 의미한다. 부모는 유전적인 요인을 물려주는 존재이기도 하지만 세상에 태어나서 제일 먼저 접촉하는 존재라는 점에서 그 영향이 아주 크다. 어머니의 사랑과 보살핌에 따라 아이는 어머니를 신뢰하게 되고, 그것을 바탕으로 세상에 대한 기본적인 신뢰감을 형성한다. 유아기 때는 자율성과 솔선을, 아동기 때는 근면을, 청소년기에는 정체성을 심어 주어야 한다. 연령에 따라서 주어지는 과업을 그때그때 달성하지 못할 때 문제가 생긴다.

상처의 잠재적 파괴력

예를 들어, 태어나서 어머니의 사랑도 전혀 받지 못하고 자율적 행동에 대해 격려나 지지도 받지 못한 채 억압만 받으면서 자란다면 어머니마저도 신뢰할 수 없게 되기 때문에 세상이 그리 행복하다고 느끼지 못한다. 세상 사람들도 다 어머니처럼 자신을 거부할 것 같아 모든 사람을 불신한다. 친구도 못 사귀고 고립된다. 침울하고 위축되고 내향적인 성향을 지니게 된다. 이것이 바로 상처 받은 마음의 한 예인데, 이것이 교회의 인간관계 속에서 갈등을 일으키는 원인으로 작용한다.

일반적으로 이러한 상처, 곧 왜곡된 성격을 수정하거나 바로잡기 위해서 상담 치료를 시도한다. 상담 치료를 통해서 그 사람이 어렸을 때 받지 못한 보살핌이나 사랑, 이해, 공감을 제공하므로 어느 정도의 해결은 가능하다. 그러나 이 과정에서 인간 자아를 강화시킴으로써 사람이 중심이 되고 인간이 목표가 된다는 문제가 있다.

『좌절된 꿈의 치유』,『치유하시는 은혜』,『어린아이의 일을 버려라』(이상 두란노)는 책들의 저자인 데이빗 씨맨즈가 쓴 또 하나의 책『상한 감정의 치유』(두란노)는 복음적인 상담학의 고전이라고 불리는데, 아마 상처 치유와 관련하여 가장 복음적으로 쓰인 책일 것이다. 이 책은 상처 난 마음이 어떻게 기도와 상담을 통하여 치유되는지 저자의 경험을 중심으로 한 사례 연구를 통하여 그 구체적인 방법을 제시하고 있다. 여기에서는 치유 사역에 대하여 깊이 다룰 수 없기에, 이 분야에 더 풍부한 자료를 얻기를 원하는 독자들은 이 책을 읽어보면 좋을 것이다.

분노의 통제

일반적으로 교회 갈등의 뿌리가 되는 상처는 성도들의 관계 속에서 분노로 표현되기 때문에 원만하게 풀어갈 수 있는 문제도 복잡하게 꼬여버린다. 그래서 상처의 쓴 뿌리가 일으키는 분노를 처리하는 방법을 알면 교회 갈등을 예방하거나 극복하는 데 큰 도움이 된다.

성경은 "분을 내어도 죄를 짓지 말고…"(엡 4:26)라고 명령한다. 윌로우크릭 교회 목사인 빌 하이벨즈는 『하나님께 정직하십니까?』(*Honest to God?*, 바울)라는 책에서, 우리는 본성적으로 진실을 말하는 것보다 평온함을 유지하기를 바라기 때문에 인간관계의 장애물인 상처를 안고 살아가는데, 이렇게 형성된 평화는 거짓된 인간관계를 만든다고 말한다.

그렇다면 분노를 어떻게 건설적으로 처리해야 그것이 갈등과 분쟁의 불씨에 기름을 끼얹는 것을 막을 수 있을까? 정신건강을 다루는 전문가들은 분노나 화가 전적으로 억누르고 참아야만 하는 것이 아니라고 이구동성으로 조언한다.

1960년대에는 화를 솔직히 표현하는 것이 정신적으로나 육체적으로 바람직하다는 견해가 지배적이었으나, 최근에는 불행한 결과를 초래하지 않기 위해서는 분노를 통제하거나 피하는 방향으로 전환하고 있다. 위에서 서술한 실례에서도 살펴보았듯이, 목회자나 교인들이 상처라는 뿌리에서 비롯된 분노를 다스리지 못해 스스로 돌이킬 수 없는 상황에 빠지는 경우가 얼마나 많은지 알 수 없다.

분노를 해결하기 위한 네 가지 실천적 조언

그러면 분노를 어떻게 피하는 것이 바람직한가? 많은 기독교 심리학자나 상담가들의 제안이 있는데 여기서는 네 가지 방법으로 요약해서 제안하고자 한다.

첫째, 외부로부터 오는 불쾌한 자극에 대한 반응으로 나타나는 분노 그 자체는 선한 것도 아니고 악한 것도 아니다. 감정일 뿐이다. 분노가 모두 악한 것만은 아니다. 분노를 활력제로 이용할 수도 있다. 분노도 일종의 에너지라고 볼 수 있으므로 그 에너지를 건설적인 곳에 사용하는 지혜가 필요하다. 그동안 도와주지 못했던 집안일을 한다든지, 아니면 시간에 쫓겨서 하지 못했던 운동이나 스포츠를 즐겨보라. 분노하게 만든 문제에 집착하지 말고 다른 일에 생각과 힘을 쏟아라.

이때 생긴 에너지를 교회 사역에 쏟는 것도 하나의 방법이다. 교회 갈등과 관련하여 교회가 해야 할 시급한 일이 있다면 하나님께 헌신된

자들이 시간과 은사를 허비하지 않도록 섬기고 봉사할 수 있는 기회와 장소를 제공해 주는 것이다. 하나님을 사랑하고 이웃을 섬기라고 외치면서도 실제로는 교회의 형식이나 규칙에 얽매여 헌신의 자세와 은사를 가진 교인들에게서 봉사의 기회를 박탈하는 교회가 얼마나 많은가?

앞에서도 여러 차례 언급했지만 관계 속에서 일어나는 갈등은 피할 수 없는 것이므로 그 갈등이 분노를 일으킬 때 그때 일어나는 에너지를 창조적으로 사용할 수 있는 기회를 마련해 주는 것은 아주 효과적인 방법이다. 거룩한 일에 에너지를 쏟으며 분주하게 섬기다보면 관계의 마찰로 일어난 분노를 자연스럽게 해소할 수 있다.

둘째, 신뢰할 수 있는 사람을 찾아가 분노와 관련된 감정과 문제를 솔직하게 나누는 것이 필요하다. 마음을 터놓고 나누는 대화는 분노를 제거하거나 해소시키는 데 도움을 준다. 담임 목회자나 부교역자들이 이러한 대화의 창구가 될 수 있으며, 어느 정도 규모의 교회에서는 소그룹 리더들이 이 역할을 감당할 수도 있다. 특히 교회는 구역이나 셀 리더들을 잘 교육하여 교제와 대화의 기회를 적극적으로 제공해야 한다.

셋째, 다른 사람 때문에 분노를 느낄 때 먼저 자신의 감정을 자신에게 표현하라. 옛말에 "화가 나면 열까지 세라"는 가르침이 있다. 화가 난 감정 상태를 글로 쓴 후에 그 글에서 문제 해결의 실마리가 되는 바람직한 생각을 찾아내는 것도 하나의 방법이다. 그리고는 화를 돋운 상대방을 향해 덜 유해한 감정을 표현해야 한다. 우리는 자신의 분노를 숨기고 가장된 평화를 추구하는 것을 '용서'라고 잘못 알고 있다. 진실하고 솔직하면서도 자신의 분노를 상대방에게 무례하지 않게 표현하고 올바른 용서의 마음으로 상대방을 대할 때 비로소 건강한 관계가 형성된다. 사도 바울이 에베소서 4장 26절에서 가르친 것은 "분을 나타내라. 그러나 그 분이 어떤 형태로든지 원망과 증오하는 감정으로 발전되지 않도록 하라"는 것이다. 그러므로 분을 적절하게 표현하는 방법을 학습하는 것이 필요하다.

넷째, 다른 관점에서 생각해보라. 상대방이 그러한 말이나 행동을 할 수밖에 없었던 이유를 이해하도록 노력하라. 어떤 사람의 과거를 알면 그 사람을 용서하지 못하거나 이해하지 못할 이유가 아무것도 없다.

성경은 "무릇 지킬 만한 것보다 더욱 네 마음을 지키라 생명의 근원이 이에서 남이니라"(잠 4:23)고 하였다. 생명의 근원이 회복된 마음, 치유된 마음에서 나온다는 것이다.

3. 올바른 교회관

왜 교회에서 갈등이 일어나는가? 앞 장에서 그 원인 가운데 하나로 '목회자의 소명의식과 주인의식의 혼동'을 들었다. 이러한 혼동은 목회자들이 잘못된 교회관을 가지고 있는 탓이다.

목회자에게 교회는 분신이며 삶의 전부이다. 그러므로 의식하지 못하는 가운데 교회에 대해 소유의식과 주인의식이 깊어지면서 자신의 권리를 주장하고 지키려 한다. 일생을 바쳐 이루어 놓은 교회에 집착하는 것은 어쩌면 너무 당연하다. 그러나 목회자가 이렇게 삐뚤어진 교회관을 가지고 있을 때 사역 전반에 불건전한 영향이 미친다. 교회가 갈등으로 미끄러져 들어가고 성도들이 깨지고 찢어지는 와중에도 보이는 교회, 곧 교회당만을 지키기에 사력을 다하는 애처로운 목회자의 모습만 남는다.

뿐만 아니라 교인들이 신앙생활을 시작하면서 잘못 배운 교회관이나 주인의식이 교회 갈등의 불씨를 더 파괴적으로 타오르게 하는 연료가 되기도 한다. 오죽하면 "교회 창립 멤버들이 없어져야 교회가 건강하게 성장할 수 있다"는 말이 목회자들의 입에서 회자되겠는가!

교회론과 교회 갈등

성경이 말하는 교회는 무엇인가? 교회론을 가장 실제적으로 다룬 에베소서를 중심으로 살펴보면서 교회 갈등을 조명해보자.

첫째, 교회는 예수 그리스도를 주인으로 고백하는 성도들이 그분을 섬기기 위해 모인 공동체를 말한다. 교회를 '예수 그리스도를 머리로 하는 그의 몸'(엡 1:22)이라고 정의한 바울은, "만물을 그 발 아래 복종하게 하셨다"는 말씀을 전제로 교회를 설명한다. 교회에 속한 성도들의 실제적인 삶에 대해 교훈하면서 5장 21절에서 "그리스도를 경외함으로 피차 복종하라"는 말씀으로 부부의 도를 통해 교회론을 이어간다.

에베소서를 통해 바울이 선포한 교회론은, 예수 그리스도를 주인으로 삼고 그에게 복종하는 공동체를 말한다. 그렇다. 예수 그리스도를 구세주(Savior)로 받아들이고 삶의 주인(Lord)으로 영접한 것이 실제 교회생활에 예수님께서 주인 되심(Lordship)과 연결되지 않는다면 과연 우리가 바른 신앙인이요 참된 교인이라 말할 수 있는가?

헬라어로 번역된 구약성경(70인경)에는 하나님의 이름과 관련하여 '주(Lord)'라는 단어가 6,000번 이상 나온다. 이 때 '주'는 하나님께 절대적인 신뢰와 복종을 드리는 삶의 태도와 연결 지어 사용되었다.

그런데 실제로 얼마나 많은 신앙인들이 예수 그리스도가 교회의 주 되심을 삶 속에서 거역하며 자신들이 주인으로 행세하는가? 예수 그리스도께서 주 되심을 교회생활 가운데 인정하지 못하고 사는 많은 신앙인들을 깨우치기 위해 하나님께서는 교회 갈등을 그분의 주권 하에서 허락하신다.

둘째, 교회는 새로운 백성, 또는 민족이다. 바울은 에베소서에서 아홉 번이나 '에클레시아'라는 단어를 쓰고 있다. 교회는 주님의 몸이라고 표현하였는데, 이 몸은 여러 사람을 모아 놓은 어떤 단체가 아니라 특별한 목적을 위해 불러냄을 입은 한 민족, 또는 백성이라는 의미이다.

'하나의 민족, 또는 백성'이란 뜻을 더 잘 이해하기 위해서 에베소서 2장을 살펴볼 필요가 있다. 2장 11~18절을 보면, 예수님께서 화평(peace maker)이 되셔서 유대인과 이방인, 이 둘을 하나로 만드셨다. 이 때 이방인을 유대인으로 만들거나, 유대인을 더 나은 유대인으로 만드신 것이 아니라 전혀 다른 새로운 도(way)를 따르는 새 백성으로 만드셨다. 다시 말해서 주님의 피로 한 가족, 새로운 백성을 창조하셨다고 역설한다.

셋째, 교회는 하나 됨으로 교회다움을 알린다. 요한복음 17장 21~22절을 보면 "아버지께서 내 안에 내가 아버지 안에 있는 것같이 저희도 다 하나가 되어 우리 안에 있게 하사 세상으로 아버지께서 나를 보내신 것을 믿게 하옵소서 내게 주신 영광을 내가 저희에게 주었사오니 이는 우리가 하나가 된 것같이 저희도 하나가 되게 하려 함이니이다"라는 주님의 말씀이 나온다.

사도 바울은 이 말씀을 근거로 에베소서 4장 5~6절에서 다음과 같이 부연하고 있다. "주도 하나이요 믿음도 하나이요 세례도 하나이요 하나님도 하나이시니 곧 만유의 아버지시라 만유 위에 계시고 만유를 통일하시고 만유 가운데 계시도다."

교회의 하나 됨은 '교회가 가지는 존엄성'의 기초이다.

하나님께서 교회를 향하여 두신 분명한 뜻은 무엇인가? 3장 10절에서 말하는 바와 같이 "이는 이제 교회로 말미암아 하늘에서 정사와 권세들에게 하나님의 각종 지혜를 알게 하려 하심"이다. 교회가 교회다울 때 하나님 나라에서 하나님을 찬양하고 최고의 경배를 드리는 일이 일어난다는 뜻이다.

넷째, 교회는 부르심에 합당한 삶을 위해 허락하신 삶의 현장이다. 바울 서신들은 구조적으로 앞부분과 뒷부분으로 구분된다. 전반부는 교리적인 내용이고 후반부는 실천적인 내용을 다룬다. 에베소서는 1~3장에서 '하나님께서 우리를 부르신 뜻과 계획, 과정'을 설명한 뒤에 4장에서 '그러면 우리가 어떻게 살아야 하는가'를 가르친다. 이렇게 본다면 1~3장이 교회에 대한 가르침이기 때문에 "너희가 부르심을 입은 부름에 합당하게 행하여"라는 말씀은 "너희가 교회를 교회답게 하는 삶을 살아라"는 뜻이 된다.

이 말씀을 잘 분석해보면 우리의 부름은 우리가 가지고 있는 그 무엇이 아니라 우리가 살아가는 삶 그 자체를 말한다. 복음으로 산다는 것은 다른 사람들과 더불어 지속적으로 사는 것이요, 내적이고 영적인 차원이 밖으로 드러나는 과정을 말한다. 이 과정에서 우리는 하나님의 말씀, 성령님의 역사, 그리고 그의 백성들, 곧 교회가 함께 우리를 변화시켜 나가고 있음을 발견한다.

우리는 종종 구원에 대해 말할 때 '지옥에서 빠져 나와 받는 티켓 한 장'으로 오해하는 경우가 많다. 그러나 구원은 오히려 '새로운 삶이라는 긴 항해를 시작하면서 받는 티켓'이라고 정의 내려야 한다. 이렇게 볼 때, 교회는 우리가 구원의 삶을 살기 위해 다른 사람들과 함께 특별하게 듣고 보고 생각하고 행동하는 사람으로 변해 가는 삶의 현장이다.

갈등 속에서 놓치는 진리

신학적이며 교리적인 교회론을 소개하지 않고 왜 에베소서를 중심으로 교회론을 설명하는지 의문을 갖는 독자들이 있을 것이다. 바울이 에베소서에서 말하는 교회는 새롭게 창조된 새로운 백성이다. 그래서 바울은 본질적으로 하나 됨을 통하여 교회다움을 이룰 수 있고, 하나 되는 교회의 모습 속에서 구원을 이루어 나갈 수 있다고 선언한다. 교회가 갈등과 분쟁의 화염에 휩싸일 때 모든 목회자들이나 교인들이 놓쳐서는 안 될 교회관이 바로 이것이다.

목회자나 교인들이 교회 갈등의 한복판에 있을 때, 자신이 몸담고 있는 교회가 과연 어떤 교회인지 자문자답해 보아야 한다. 주님께서 특정한 목적을 가지고 우리를 부르셔서 이 교회에 심으셨다는 사실을 확인할 때 잘못된 교회관 때문에 발생하는 갈등과 분쟁을 극복할 수 있다. 사람의 눈으로 보기에는 불완전하고 연약하며 때에 따라 악한 사람들이라 할지라도 주님의 부르심에 따라 신앙을 고백하고 지역 교회에 들어온 이상, 우리 모두가 하나님께서 새롭게 만드신 새로운 백성임을 인정하고 이 사실을 붙잡아야 한다.

왜 교회가 갈등에 빠지면 쉽게 풀릴 것 같은 문제조차도 더욱 꼬이는가? 자신과 갈등 관계에 있는 사람도 하나님께서 특별히 부르셔서 새롭게 만드신 백성이라는 진리를 인정하지 않기 때문이다. 나를 사랑하신 하나님께서 저 사람을 사랑하시지 않는다고 어떻게 단정할 수 있는가? 단정할 수 없다면 하나님의 사랑을 내 수준으로 제한하는 우를 범하지 말고 가슴을 열어야 한다. 그렇게 함으로써 교회의 하나 됨을 보존하고, 세상을 향해 선포하고, 교회를 통해 나의 구원을 이루어가는 데 진력해야 한다. 이렇게 할 때 바른 교회관을 통하여 주님의 교회가 힘 있게 서가고 하나님의 나라가 더욱 왕성하게 확장될 수 있다.

종합병원

요즘 교회관을 이야기할 때 많은 사람들이 "교회는 병원이다"라고 말한다. 그 외에도 교인들마다 자기 나름대로 교회관을 하나씩 가지고 있다.

"교회는 모든 사람들이 나를 보고 웃어주며 반길 만큼 사랑과 친절이 넘쳐야 한다."

"교회는 구제를 많이 하고 작은 교회를 돕고 선교도 많이 해야 한다."

"교회는 어려운 이웃, 특히 억눌린 자들 편에서 사회의 구조적인 악을 바꾸어 그들을 구원하는 방주가 되어야 한다."

"교회는 하나님 나라 확장을 위해서 크게 성장해야 한다."

"교회는 작아야 가족적인 분위기 가운데 사랑의 공동체로서 교회다울 수 있다."

"예배드릴 때 열정을 가지고 큰소리로 기도하고 손을 들고 찬양하는 교회가 좋은 교회다."

"교회는 감정적으로 치우쳐서 큰소리로 기도하거나 야단스럽게 떠들면 안 된다. 신사적이고 지성적이어야 한다."

이에 대해 사도 바울은 에베소서에서, 교회는 건강한 자들이 모인 곳이 아니라고 말한다. 에베소교회 안에는 거짓말쟁이, 진실하지 못한 자들, 위선자들이 있었다. 혈기 부리는 사람들, 걸핏하면 화를 내는 사람들, 심지어는 도적질하는 사람까지 있었다. 또한 상소리, 이간질, 허물 잡기가 난무하고, 서로 헐뜯으며 입술로 죄 짓는 사람들이 수두룩했다. 결론적으로, 교회는 건강한 자들이 아니라 병든 자들이 모인 곳이다.

그러므로 누구도 "저 사람 왜 저래?" 하고 말할 수 없다. 영적인 환자들이 모인 병원이기 때문이다. 주님께서 말씀하시지 않았는가? "내가 의인을 부르러 온 것이 아니요 죄인을 부르러 왔노라."

일반적으로 우리가 꿈꾸는 이상적인 교회는, 거룩한 사람들이 모여서 천국을 건설해 놓고 살아가는 그런 곳이다. 그러나 에베소교회는 마음이 아픈 사람들, 교만한 사람들, 혈기 많은 사람들, 거짓을 버리지 못하는 사람들, 입이 가벼워서 걸핏하면 다른 사람들에게 상처를 주는 사람들이 우글거렸다고 기술하고 있다. 그러므로 교회 안에서 이런 사람을 만나도 놀라지 말아야 한다.

치료 대기 환자들

교회는 천국이 아니라 병원, 그것도 '종합병원'이다. 교회 안에는 각종 환자들이 다 모여 있다. 팔과 다리가 부러진 외과 환자뿐 아니라, 겉은 멀쩡하게 보여도 속이 엉망인 내과 환자도 있다. 특히 겉으로 보기엔 신사요 거룩한 사람 같은데 속은 크게 고장 난 내과 환자들이 가장 많은 곳이 교회이다.

그런가 하면 피부병 환자들도 있다. 다른 사람이 보면 금방 알 수 있을 정도로 혐오감을 준다. 사람들은 이렇게 생각할 수 있다. '저 사람은 그냥 집에 있지 왜 교회에 나와서 여러 사람들을 불편하게 할까?' 하지만 피부병 환자도 치료받기 위해 병원에 와야 한다.

내가 섬기던 교회가 한창 갈등으로 어지러울 때 에베소서를 설교하면서 이렇게 선포한 적이 있다. "혹시 여러분이 이 땅에 살다가 완전한 교회를 만나시면 절대로 그 교회에 등록하시거나 그 교회 교인이 되시면 안 됩니다. 왜냐하면 여러분이 그 교회의 일원이 되는 순간 그 교회는 그 시점부터 완전한 교회일 수 없기 때문입니다."

그렇다. 교회는 종합병원이다.

병원을 통한 감염

그렇다고 교회가 병을 방치하고 장려하는 질병의 온상으로 오해되어서는 안 된다. 마가복음 2장 16~17절에 보면 예수님께서 죄인들과 세리들과 함께 잡수시는 것을 보고 바리새인과 서기관들이 수군대며 비난했다. 그때 예수님께서 "건강한 자에게는 의원이 쓸데없고 병든 자에게라야 쓸 데 있느니라 내가 의인을 부르러 온 것이 아니요 죄인을 부르러 왔노라"고 말씀하셨다.

그러면 우리 그리스도인이 불신자보다 더 악하고 나쁜 사람들이라는 뜻인가? 교회가 병원임을 잘못 이해하면 아래와 같이 두 가지 현상이 교회에 나타난다.

첫 번째 현상은 남이 앓고 있는 병을 보면서 자기의 병을 대수롭지 않게 여기고 있다가 병을 키우는 경우이다. 병원에 갔는데, 어떤 고혈압 환자의 혈압이 250이었다. 그런데 내 혈압이 180이라면 '나는 약과야!' 하면서 자기 병을 아무렇지도 않게 생각한다. "저 사람은 폐암이라는데 내가 걸린 폐렴 정도는 아무것도 아니지." "저 사람은 위암인데, 소화가 좀 안 되는 것이 뭐 대수인가?" 하며 방치해 놓았다가 위염이 위암 되는 수가 있다.

"영적으로 나는 저 사람보다 나은 편이야." 그래서 치료할 생각을 안 한다. "저 사람은 1억씩 도적질하는데, 내가 해 먹는 것은 백만 원밖에 안 되지 않은가? 저 사람에 비하면 새 발의 피지" 하면서 자신의 잘못과 죄를 정당화한다.

두 번째 현상은 전염성이 강한 환자를 일반 환자들 사이에 두어서 병이 다른 사람에게 쉽게 퍼지는 것이다. 교회는 종합병원이기 때문에 전염성 질병을 지닌 환자들도 교회에 들어온다. 전염성이 있는 질병은 격리 치료를 요한다. 그렇지 않으면 이미 몸이 약해져 있는 환자에게 새로운 병을 전염시킬 수 있다.

어떤 교인은 다른 사람에게 죄를 교묘히 퍼뜨리는 사람이 있다. 이런 경우는 격리시켜야 한다. 그래서 교회에는 권징과 치리가 있는 것이며, 목회자의 바른 리더십과 책임이 요구되는 것이다.

정죄와 방치

이것은 그 사람을 망하게 하려는 것이 아니다. 교회 전체가 하나님의 은혜로 치유 받는 과정에서 특별한 질병에 대해 특별한 치료를 가하는 것일 뿐이다. 바울은 로마서 6장 1~3절에서 다음과 같이 말한다.

"그런즉 우리가 무슨 말을 하리요 은혜를 더하게 하려고 죄에 거하겠느뇨 그럴 수 없느니라 죄에 대하여 죽은 우리가 어찌 그 가운데 더 살리요 무릇 그리스도 예수와 합하여 세례를 받은 우리는 그의 죽으심과 합하여 세례 받은 줄을 알지 못하느뇨."

이어서 15절에서 "그런즉 어찌하리요 우리가 법 아래 있지 아니하고 은혜 아래 있으니 죄를 지으리요 그럴 수 없느니라"고 선포하고 있다.

환자들이 병원에 찾아와 치료를 받지 못하고 오히려 병에 걸려서 간다면 그 병원은 문을 닫아야 한다. 마찬가지로 성도들이 교회에 와서 상처와 영혼의 아픔을 치유 받지 못하고 죄의 덩어리만 더 키워서 간다면 그 교회는 문을 닫아야 한다.

우리가 교회 갈등과 분쟁 속에서 꼭 기억해야 할 것은, 교회는 건강한 자들의 모임은 아니지만 환자들이 모여서 서로의 질병을 키워주는 온실도 아니라는 사실이다. 주님의 능력으로 질병이 치료되고 회복되며 건강하게 다듬어져가는 종합병원이 교회이다.

치료를 받고 있는 형제, 자매들을 바라보면서 쉽게 돌을 던질 때 교회 갈등은 크게 불거진다. 그런가 하면 나 자신을 살펴서 혹시 병원에 오래 입원해 있는데도 치유되지 않는 부분은 없는지 살펴봐야 한다. 참된 교회관을 세워 교회의 일원으로서 치료되고 회복되며 건강하게 세워져갈 때 교회 갈등은 여유 있게 극복될 수 있다.

4. 성경적 리더십

교회 갈등이나 분쟁과 관련된 과목이 있다면 목회 리더십이 아닌가 싶다. 그러나 신학교의 커리큘럼에 포함되어 있는 과목도 실천신학의 한 부분으로서, 주로 교회 성장학과 관계되어서 리더십을 다룰 뿐 교회 갈등과 그에 따른 목회자 리더십의 역할이나 기능 등은 좀처럼 다루지 않는다. 이 문제에 좀더 효과적으로 접근하기 위해서 먼저 성경적 리더십을 살펴본 후 영적인 리더십이 교회에서 일어나는 인간관계의 갈등을 해결하는 실마리를 어떻게 제공하는지 설명하고자 한다.

성경적 리더십: 종의 리더십

'성경적 리더십'이 있다면 '세상적 리더십'도 있다. 세상적 리더십과 성경적 리더십이 다른가? 다르다면 무엇이 그 둘을 구분하는가?

우선 리더십이 무엇인지 알아야 한다. 리더십이란 '다른 사람들에게 영향력을 끼쳐서 공유하는 목적을 향해 함께 나아가게 하는 능력'이다. 현대교회가 직면한 가장 절실한 문제를 리더십의 부재로 보았던 존 맥스웰은 리더십을 '영향력'이라고 정의한다. 그는 오늘날 교회가 세상에 영향력을 발휘하지 못하는 이유를 교회 내의 리더십 부재라고 말했다.

이 지적은 오늘날 한국교회의 현주소를 정확히 말해주고 있다. 세계적인 대형 교회들이 줄줄이 자리 잡고 있는 나라, 미국에 이어 세계 두 번째로 선교사를 많이 파송한 나라, 한 지역교회의 새벽기도회에 몇 천 명씩 모이는 나라, 국민의 4분의 1이 기독교인이라는 나라. 그런데 그런 한국교회가 왜 이렇게 무기력한가? 신문과 방송은 계속해서 기독교에 대한 부정적인 보도들만 싣고 있는 듯 보인다.

이유는 간단하다. 교회가 영향력을 상실했기 때문이며, 그 배경에는 목회자의 강력한 리더십이 상실되었기 때문이다. 그렇다면 존 맥스웰이 말하는 강력한 리더십이란 무엇일까? 흔히 세상적인 리더십에서 말하는 카리스마형 리더십을 말하는가?

파워(Power) 모델과 섬김 모델

그동안 한국교회에 자리 잡고 있었던 리더십의 형태는 사실 성경적인 리더십이 아니었다고 해도 과언이 아니다. 유교문화와 권위주의적인 문화에서 자라난 우리나라 국민과 교회 성도들이 흔히 선호하고 따르던 리더십은 파워(Power) 모델이라고 할 수 있다. 인류 역사상 가장 잘 짜인 구조를 가톨릭교회로 보는데, 구교나 군대에서 쓰는 리더십 모델이 파워 모델, 곧 강력한 카리스마 형태의 지도력이다.

그러나 성경적 리더십은 이와 정반대의 개념으로 볼 수 있는 '종의 리더십', 또는 '섬김의 리더십' 이다. '종의 리더십' 이란 말은 1977년 로버트 그린리프(Robert K. Greenleef)가 『종의 리더십』(Servant Leadership)이란 책에서 처음 사용한 후 세상의 주목을 받기 시작했다.

종의 리더십이란 예수님께서 제자들의 발을 씻겨 주시면서 친히 보여주신 종의 정신에서 나왔다.

주님께서는 "너희 중에 큰 자는 너희를 섬기는 자가 되어야 한다"고 가르치셨으며, 실제로 그런 종의 삶을 사셨다. 오늘날 교회의 리더들이 주님께서 모범을 보이시고 명하신 섬김의 삶을 가르치면서도 그대로 살지 못하기 때문에 영향력을 잃어가는 것이 아닌가 생각해 본다.

선한 영향력이 리더십이다

성경적인 리더십은 '힘 있는 영향력'으로 나타나야 한다. 이 시대와 교회는 종의 리더십을 실천하는 진정한 리더를 원하고 있다. 권위로 명령하는 전통적이고 세상적인 리더가 아니라 사랑으로 섬기는 진정한 리더를 찾고 있다.

영적 리더십은 자기를 부인하는 데서 출발한다. "아무든지 나를 따라 오려거든 자기를 부인하고 날마다 제 십자가를 지고 나를 좇을 것이니라"(눅 9:23)는 말씀을 볼 때, 예수님의 제자인 우리가 갖추어야 할 리더십은 '자기를 부인하는' 조건이 만족되었을 때 가능한 것임을 알 수 있다.

예수님께서는 마태복음 23장 1~12절에서 당시 종교 지도자들의 리더십을 비판하면서, 그분의 리더십은 무엇이며 그를 따르는 제자들은 어떤 리더십을 지녀야 하는지 잘 설명해 주셨다. 그분의 말씀에 따르면, 리더는 말과 행동이 일치되어야 하고, 명령하는 것이 아니라 사람들의 옆에 함께 걸으며 함께 일하고, 사람에게서 인정과 칭찬을 받으려는 동기가 없어야 하고, 특권의식을 가지지 않아야 하며, 마지막으로 겸손한 삶을 사는 자라야 한다고 가르치고 있다.

오늘날 교회의 리더십과는 참으로 아득한 거리감이 느껴지지 않는가? 왜 교회에 갈등의 불꽃이 좀처럼 수그러들지 않고 점점 확산되며 맹렬해지기만 하는가?

목회자와 평신도 지도자들이 성경적인 리더십을 따르지 않기 때문이다.

목회자들은 '섬기는 리더십'에 초점을 맞추어야 한다. 아직도 교회에는 교인들을 아랫사람 부리듯 하는 권위주의적인 리더십을 추구하는 리더들이 많다. 종의 리더십보다는 권력과 힘에 뿌리를 둔 리더십을 추구하는 목회자가 교회를 크게 성장시키고 큰 갈등이나 잡음도 없는 듯이 보인다. 그러나 이 유혹을 뿌리쳐야 한다. 이러한 리더십은 말씀과 믿음에 근거를 둔 리더십이 아니다. 멀리 돌아가는 길이고 무력한 길처럼 보였던 주님의 십자가의 길이 모든 인류를 구원하는 최고의 능력과 최선의 방법이었던 것처럼, 종의 리더십은 교회에서 일어나는 근본적인 갈등을 잠재우고 영원히 치유하며 회복시키는 가장 강력한 영향력이다.

Chapter 3

갈등의 단계와 목회 전략

앞에서 지적한 대로 교회 갈등은 대부분 서로 간의 이해나 대화의 부족에서 시작된다. 처음부터 교회 전체의 문제로 비화하는 것은 아니다. 그러나 작든지 크든지 상관없이 한번 시작된 갈등이 처음 단계에서 바르고 지혜롭게 풀리지 못하면 처음보다 훨씬 강력하고 파괴적인 단계로 발전한다.

교회 갈등이 진행되는 과정을 구분하는 방법은 학자에 따라 다양하다. 론 수섹(Ron Susek)은 여섯 단계, 케니쓰 허크(Kenneth Haugk), 마를린 토마스(Marlin Thomas), 스피드 레아(Speed Leas)는 다섯 단계, 할버슈태트(Halverstadt)는 네 단계를 말한다. 그러나 갈등의 초기 단계로 진단하는 1단계에 대해서는 관점에 따라 갈등이라고 볼 수 없는, 지극히 정상적인 상태이기 때문에, 여기서는 쉬우면서도 실제적인 상황에 적용하는 데 도움이 되기 위하여 4단계로 나누어 살펴볼 것이다.

먼저 갈등의 단계에 관하여 다음 두 가지 유형을 비교해 볼 수 있다.

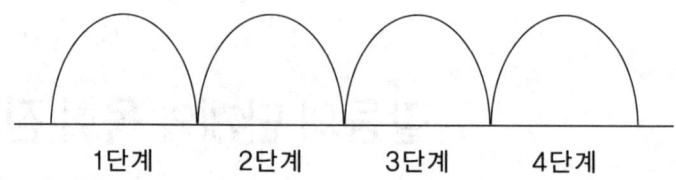

위의 모델은 각 단계가 명확히 구분된다. 1단계가 끝나면 2단계가 시작되고, 2단계가 완전히 끝나면 3단계로 접어든다.

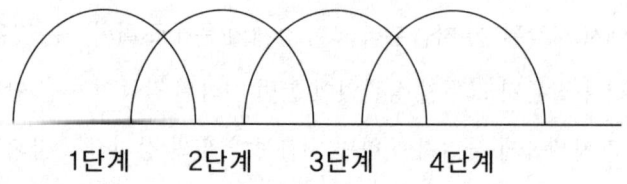

두 번째 모델은 각 단계의 경계선이 명확하게 구분되지 않는다. 예를 들면, 어떤 과정은 1단계와 2단계가 동시에 나타난다. 실제로 교회 갈등의 발전 단계를 분석해보면, 1단계에서 나타나는 현상들이 계속 관찰되고 있는데도 2단계의 현상이 불쑥 출현하는가 하면, 이미 3단계에서 나타나는 문제들이 감지되고 있는데도 2단계의 현상이 꾸준히 일어나는 것을 볼 수 있다. 따라서 갈등이 심화, 발전하는 현상을 단계별로

구분하는 것은 매우 임의적일 수밖에 없다. 그럼에도 불구하고 갈등을 어느 정도 명료하게 다루기 위해 4단계 구분법을 택해서 설명할 것이다.

1. 1단계: 어느 의견이 나은가 하는 문제로 인한 갈등

이 단계에서는 대부분의 교인들이 교회에 대해 좋은 뜻으로 의견을 개진한다. 이 때 우리는 서로가 다 똑같지는 않음을, 각기 다른 면이 나타날 수 있음을 인정해야 한다. 일반적으로 교인들은 각기 다른 관심, 흥미, 가치관, 개인적 필요, 교회관 등을 가지고 있다. 그러므로 교회 문제를 어떻게 풀어나갈까 의견을 나눌 때 당연히 서로 다른 의견이 나오게 마련이다. 교인들 모두 주님을 바로 섬기려는 열정을 가지고 있다. 다만 무엇이 최선의 길인가를 놓고 차이를 보일 뿐이다.

이 단계에서 나타나는 다른 의견이나 차이들은 서로 받아들이고 존중하며 이해해야 한다. 그러기 위해서 상대방에게 자신을 맞추려는 노력이 필요하다. 앞에서 다룬 기질의 특성이나 상호 이해 및 변화 등을 교육하는 프로그램이 도움이 될 것이다.

내가 섬기던 교회는 교회 갈등을 한참 겪은 후에 전교인수련회에서 이 문제를 다루었다. 많이 늦은 감이 없지 않았지만 그래도 서로를 이해하고 받아들이는 데 많은 효과가 있었다. 개개인의 성격이나 의견 차는 악이나 죄에서 출발한 것이 아니라 창조의 다양성에 기인한 것이기 때문이다.

이 단계에서는 빌립보서 2장 1~2절 말씀, "그러므로 그리스도 안에 무슨 권면이나 사랑에 무슨 위로나 성령의 무슨 교제나 긍휼이나 자비가 있거든 마음을 같이하여 같은 사랑을 가지고 뜻을 합하여 한 마음을 품어"를 메시지로 선포할 수 있다.

목회 전략

첫째, 교인 각자의 은사대로 교회를 섬길 수 있는 섬김의 장을 제공하라.

요즘 구역이나 속회가 소그룹, 또는 셀 교회(cell church) 구조로 많이 바뀌고 있다. 소그룹이나 셀 교회는 각 그룹의 역동성과 자율성이 강조되고 운영 방식이 유연하다. 이러한 소그룹을 통해 각 성도들에게 섬김의 기회를 제공하는 것이 각기 다른 의견들과 차이점들을 해소하고 완화하는 데 크게 도움이 된다. 소그룹이라는 구조적인 필터를 거치면 교회 전체에 전달되는 다른 의견들은 부정적이거나 파괴적인 성향이 반감된다. 소그룹 리더들에게 자율성을 최대한 제공하여 본인이 그 그룹의 목회자라는 소명감으로 일하게 해야 한다.

둘째, 기질과 성령 충만에 관한 교육을 정기적으로 실시하라.

특히 소그룹 안에서의 나눔이 매우 효과적이다. 2장에서 소개한 바와 같이, 좋은 서적과 교재들이 많이 나와 있다. 단순히 성격 차이에 대한 이해뿐 아니라 차이에 따른 효과적인 관계 형성에 대해서도 교육해야 한다.

셋째, 목회자가 여럿일 때는 담임 목회자의 목회 방향 및 철학을 공감하며 한마음으로 갈 수 있도록 부교역자 교육이 필요하다. 이 때 담임 목사의 생각을 일방적으로 전달하는 방법을 지양하고 가능하면 영성훈련이나 수련회를 통하여 열린 토의를 이끌어내는 것이 훨씬 효과적이다.

넷째, 목회자는 가급적이면 대립되어 있는 문제에서 거리를 두는 것이 현명하다. 소그룹에서 발생하는 갈등은 소그룹 안에서 풀 수 있는 시간을 충분히 주고, 소그룹 리더들에게 목회자의 신뢰를 전달하라. 직접 문제에 뛰어들어 어느 편을 지지하거나 동조할 때 저절로 풀릴 수 있는 문제가 오히려 더 큰 갈등으로 발전할 수 있다. 소그룹 리더 간에 생기는 문제도 본인들이 시간을 두고 대화를 통하여 충분히 풀 수 있으므로 조급해하지 말고 기도하며 기다려야 한다.

사례를 통해 진단하는 갈등의 첫 번째 단계
오랜 전통을 지닌 서울 강북에 있는 교회

서울 근교 신도시 개발과 함께 많은 교인들의 주거지가 서울 북쪽에 있는 신도시로 옮겨지자 예배당도 옮기기로 결정했다. 물론 이전을 결정하는 과정에서 약간의 마찰과 이견이 있었지만 L 목사와 당회원들이 교회의 미래를 내다보며 한마음으로 추진해서 실행에 옮겼다. 기존 지역에 거주하던 교인들 가운데 일부, 그리고 강남 지역이나 남쪽 신도시에 거주하던 대부분의 가정들이 교회를 따라갈 수 없어서 400명의 출석 인원이 교회 이전 후 6개월이 되기도 전에 절반인 200명으로 줄었다.

그러나 이전하고 2년이 지나지 않아 새 교인들이 등록하면서 다시 400명이 출석하는 교회로 성장했다. 양적인 부흥의 배후에는 L 목사의 감동적인 설교와 강하고 합리적인 리더십, 그리고 새롭게 접목한 셀 교회 시스템이 있었다. 홈페이지도 새롭게 개설해서 성도들의 의견이 목회자에게 자유롭게 전달될 수 있는 길을 열어놓았다. 새해가 시작되자마자 남선교회와 여선교회의 활동도 더욱 활발하게 전개되었다.

가끔 제2남선교회와 제3여선교회에 새로 선출된 임원들의 운영 방식에 대한 염려가 L 목사에게 전달되기도 했지만, 시간이 지나면서 자체적으로 해결되곤 했다. 한번은 소그룹 리더 한 사람이 다른 소그룹의 멤버를 자신의 그룹으로 영입하는 과정에서 리더 간에 마찰이 일어났다. 구성원을 빼앗긴 리더가 교회 홈페이지에 '남의 양을 도적질하지 말라' 는 칼럼을 실으면서 갈등의 조짐이 보였지만, L 목사와 양쪽 셀 그룹 리더와의 만남을 통하여 원만하게 마무리 되었다.

새롭게 시작된 목요 찬양예배에 대하여 몇몇 장로들이 너무 세속적인 문화를 흉내 내는 것 아니냐는 우려를 표명하여 당회 때마다 갑론을

박하였지만, 특별집회에 강사로 초청된 B 목사의 '교회음악과 예배'에 대한 특강으로 이 같은 문제가 자연스레 해소되었다. 그 후 오히려 장로들 중 일부는 목요 찬양예배 때 앞자리를 지켜 주는 등 교회의 젊은 문화를 이해하려고 노력했고, 이로써 찬양예배에 더 많은 교인들이 참석하는 촉진제가 되었다.

다양함이 그리스도의 사랑 안에서 어떻게 하나로 묶일 수 있고, 그럴 때 어떠한 능력을 발휘할 수 있는가 보여 주는 아름다운 모범 사례이다.

2. 2단계: 누구의 의견이 옳은가에 대한 갈등

이 단계에 들어서면 어떻게 문제를 풀어나갈 것인가보다는, 자신들의 의견이 받아들여지는가 그렇지 않은가에 더 많은 관심을 갖는다. 이 때부터 서로에 대해 불편함을 느끼기 시작하는데, 공정하지 못한 대우를 받고 있다는 느낌이나 다른 사람에게서 받는 상처들로 인해 불편함이 더 증가한다. 유머나 우스갯소리가 더 이상 재미있는 이야기로 들리지 않고 서먹서먹함이 나타난다. 교인들이 자기주장을 내세우기 위해 "목사님이 이렇게 말씀하셨잖아," "장로님이 저렇게 하라고 하셨어"와 같은 표현을 많이 쓰기 시작한다. 서로 다른 점이 존중되지 못하고 틀렸다는 비난의 근거가 된다. 상대방의 잘못된 말이나 행동에 대해 비난의 포문을 연다.

교인들은 뜻이나 생각이 같은 사람들을 찾아 앞으로 있을 제직회나 교회 모임에서 어떻게 대처할 것인가를 논의하기 시작한다. 서서히 자기 방어적이 되고 교회의 결정이나 방향이 자신들의 뜻대로 되지 않을 때 패배감을 느낀다. 교회 문제를 놓고 생각의 대립을 첨예화하고, 같은 생각을 가진 사람들을 찾기 위해 애쓴다.

하지만 이 단계에도 아직은 모두가 어떻게 하면 교회가 올바로 될 수 있을까에 관심을 둔다.

> **목회 전략**

첫째, 이 단계에 들어가면 목회자는 관망하는 자세로 머뭇거리거나 기다려서는 안 된다. 즉시 리더십을 발휘해서 교회 갈등에 대처해야 한다. 더 큰 분쟁으로 가속화되기 전에 목회자가 문제해결을 위해 할 일을 찾아야 한다.

둘째, 분명한 문제가 있음을 인정하고 교회적으로 특별기도와 금식 등을 선포하여 성도들로 하여금 믿음으로 이 문제에 대처하게 해야 한다. 필요 이상으로 과장하여 염려하는 것도 바람직하지 않지만, 있는 문제를 쉬쉬하고 덮어버릴 경우 자칫 더 파괴적인 분쟁으로 치달을 수 있음을 인식하고 그렇게 되지 않도록 방법을 강구해야 한다.

셋째, 중립적인 설교자를 초청해서 부흥집회를 가짐으로써 치유와 회복의 기회를 찾는다. 이때 목회자는 강사 선정에 매우 신중해야 한다. 만약 목회자와 가까운 친구, 목회자와 다른 의견을 가진 교인들이 볼 때 중립적이지 못한 강사가 선정되면 오히려 역효과를 초래한다.

넷째, 혹시 문제에 깊이 관계되어 있는 교인 중 권징이나 치리가 필요하면 즉각 시행하라. 물론 사랑의 마음을 가지고 행하되 지금 두세 사람을 잃는 것이 나중에 수많은 양 떼를 잃는 것보다 현명하다. 이 단계에 교회가 들어섰다는 것은 연약한 교인들을 통하여 악한 마귀가 이미 개입하기 시작했다는 뜻이다.

사례를 통해 진단하는 갈등의 두 번째 단계

교회를 이전하고 4년정도가 지나면서 급속히 성장하여 출석 인원이 600~700명으로 늘어났다. 주일 예배는 4부로 나누어서 드려야 했고, 이전할 당시 담임 목사를 포함하여 4명이었던 목회자도 부목사 4명, 전도사 5명, 총 10명으로 늘어났다. 시무장로 5명으로 구성되었던 당회도 새롭게 임직을 받고 취임한 장로 5명이 들어오고 기존의 시무장로 2명이 은퇴하면서 8명의 시무장로로 구성된 당회가 되었다. 새롭게 당회에 들어온 5명의 장로 중 2명은 안수집사를 거쳐서 선출된 장로이고 나머지 3명은 다른 교회의 장로로 있다가 교회를 옮겨서 2~3년을 함께 교회생활하면서 교인들의 존경 가운데 장로로 선출되어 취임한 경우였다.

그런데 새 천년을 맞이하기에 앞서 모인 연말 당회에서 문제가 발생했다. 3부 예배를 담당하는 성가대 지휘자와 반주자 임명을 놓고 대립이 시작된 것이다. 지금까지 봉사해온 지휘자와 반주자를 그대로 임명하느냐, 아니면 1년 전부터 교회에 새롭게 출석한 유능한 교인을 임명하느냐를 놓고 의견이 양분됐다.

새롭게 추천된 Y씨는 모 음악대학 교수이고, 이미 다른 교회에서 성가대 지휘자로 봉사한 경력이 있는 인물이었다. 새롭게 장로로 선출된 J 장로의 먼 친척이기도 했다. 또한 반주자로 추천된 K씨 역시 대학에서 피아노를 전공한 후 작은 대학의 전임으로 출강하는 실력자였다. 그에 비해 그동안 봉사해온 지휘자와 반주자는 고등학교 음악교사, 피아노 전공 후 가사를 돌보던 가정주부였다. 그러나 이 두 사람은 교회가 이전하기 전부터 줄곧 성가대 지휘자와 반주자로 봉사해온 사람들이었다. 교회 이전 후에도 2시간의 거리를 멀다 하지 않고 섬겨온 사람들이었다. 그렇기 때문에 이들을 외면하고 실력이 있다는 이유로 다른 사람을 임명한다는 것은 교회의 질서나 신앙 윤리 차원에서 용납할 수 없다는 의견이 기존 당회원들의 뜻이었다.

하지만 당회의 의견은 4대 4로 나뉘었다. L 목사는 새로운 사람을 임명하자는 쪽의 의견에 손을 들어주었다. 교회는 성도들에게 각자 받은 은사를 충분히 사용할 수 있는 기회를 제공해야 하며, 앞으로 교회의 비전을 생각할 때 음악적인 훈련을 잘 받은 새로운 사람들을 하나님께서 보내주셨으므로 봉사할 수 있는 기회를 주는 것이 바람직하다는 이유였다.

새해 첫 주에 당회의 결정대로 지휘자와 반주자가 새로이 임명되자 그때까지 지휘자로 섬기던 집사가 교회를 떠났고 그 일로 당회가 술렁였다. 그동안 열심히 헌신하던 사람들을 담임 목사가 냉대한다는 비판이 쏟아졌다. 그리고 "굴러온 돌이 박힌 돌을 빼낸다," "담임 목사가 새로운 교인들을 편애하고 그동안 교회를 충성스럽게 지켜온 교인들을 외면한다," "교회가 믿음보다는 세상적인 지위와 명예를 더 존중하는 풍토로 변해가고 있다"는 식의 말이 교회에 퍼졌다.

그러나 "그런 일로 교회를 떠날 정도의 믿음이라면 알아본 것 아니냐? 주님의 교회를 사랑해서 봉사한 것이 아니라 자기의 명예와 성취욕 때문에 지휘자로 봉사한 것 아니냐?" 하는 반대 의견도 만만치 않았다. 하지만 시간이 지나면서 이 문제는 서서히 잊혀져가는 듯했고, 새롭게 임명된 지휘자와 반주자가 성실하게 헌신하면서 조용하게 마무리되는 것처럼 보였다.

바로 그해 여름, 성가대 단합대회 겸 위로회가 성가대장으로 임명된 J 장로에 의해서 마련되었다. 그런데 J 장로는 그 자리에 당회원들 일부만 초대했다. 그 교회는 전통적으로 성가대 위로회에 당회원들이 함께 참여하여 성가대원들을 격려하고 함께 저녁을 나누는 것이 관례였는데, J 장로가 기존 당회원들을 초대하지 않은 것이었다. 이것이 문제가 되자 J 장로는 교회의 관례를 몰랐다고 발뺌했지만, 이미 교회에 3년간 출석하면서 매년 성가대 위로회에 참석해왔기에 그런 변명은 설득력이 없었다. 상황이 불리하게 돌아가자 J 장로는 교회가 성장하는 과정에서 그와 같은 옛날의 관습에 얽매이는 것은 결코 교회 발전에 도움이 되지 않는다고 도리어 강변했다.

기존 장로들은 J 장로가 교회를 편 가르는 안하무인격의 행동을 하고 있다고 공격했다.

이 일을 계기로 기존 교인들과 최근 3~4년 사이에 새롭게 등록한 교우들 사이에 금이 가기 시작했다. 더 근본적으로 따진다면, 새해 들어서 신임 지휘자와 반주자가 임명될 때 이미 갈등이 시작된 것이다.

당회뿐 아니라 남선교회, 여선교회에도 종전 교인들과 새 교인들과의 대립이 서서히 나타나기 시작했다. 제직회 모임도 이편과 저편으로 나뉘어서 의견 충돌이 나타났다. 바로 이 때, 신임 지휘자가 전에 있던 교회에서 여자 문제 때문에 교회를 떠나게 된 것이다, 현재 강의하는 대학교에서도 여학생과 문제가 있다는 등의 악성 루머가 퍼졌다.

장년 성경공부 인도자를 뽑는 문제에서는, 부목사들을 제쳐놓고 젊은 전도사가 임명된 사실을 놓고 담임 목사가 모 장로의 청탁을 받은 결과라는 비판이 제기되었다. 진위나 근원을 알 수 없는 소문이 무성해지면서 삼삼오오 무리지어 모이는 모습이 쉽게 눈에 띄었다. 교회 발전을 위한 좋은 의견이 개진되어도 누구의 아이디어냐에 따라서 찬성과 반대가 첨예하게 나뉘었다.

문제의 심각성을 인식한 L 목사는 설교의 주제로 '판단을 받지 않으려면 네 형제를 판단하지 말라', '너희가 서로 용서하면 천부께서 너희를 용서하시리라'는 내용을 선택해서 말씀을 전했다. 또한 양쪽 당회원들과 자주 시간을 가지면서 문제를 어떻게 풀어나가야 할지를 진지하게 의논했다. L 목사는 각각 만나서 이야기하는 방법만 가지고는 해결의 실마리를 찾을 수 없겠다는 결론에 도달, 모든 당회원들을 한자리에 모아 놓고 문제를 풀어야겠다고 결심했다.

L 목사는 개인적으로 특별 기도 시간을 가진 후 임시당회를 소집했다. 교회가 하나 되지 못하고 분열되는 모습을 지적하면서, 이런 때 어떻게 리더들이 믿음으로 반응해야 할 것인가에 대하여 간절하게 설득했다. 놀랍게도 그 모임에서 기존의 장로들이 '생각이 부족하여 나타난 문제'라면서 반성의 모습을 보였고, 신임 장로들 역시 '기다리지 못하고 성급하게 일을 처리한 자신들의 잘못이 많다'며 용서를 구했다. 진한 감동과 함께 상황이 반전되는 듯 보였다.

그런데 그 모임이 있은 후 바로 그 다음 주일에 교회에 이상한 유인물이 나돌았다. "근거도 없이 거짓 소문으로 말을 만들어 개인의 믿음생활과 가정에 막대한 정신적 피해를 입힌 장로 N, O, P씨를 치리해야 한다"는 것이 주 내용이었다. 이 유인물이 교인들의 손에 배부되면서 그동안 L 목사의 노력이나 당회의 감격적인 화해가 완전히 퇴색되었다.

도대체 이 유인물은 누가 만든 것일까? 왜 조용해지려는 마당에 다시 기름을 끼얹었는가? 이런 의문들이 꼬리에 꼬리를 물면서 온갖 좋지 않은 추문으로 교회는 이전보다 더 심한 갈등과 첨예한 대립의 단계로 들어섰다.

3. 3단계: 누구의 의견이 신앙적, 혹은 비신앙적인가 하는 문제로 인한 갈등

세 번째 단계로 들어서면 서로 존중하며 사랑으로 대하던 태도는 거의 사라지고 상대방을 비방하고 욕하는 일들이 시작된다. 교인들은 누가 자기편인가 찾기 바쁘고, 친척이나 가까운 친분이 있는 사람들 위주로 편을 가른다. 이후로는 각자 자신들의 입장을 변호하고 상대방의 잘못을 비판하는 데 능력 있는 리더들을 중심으로 그룹을 형성한다.

교회 내규나 총회 법들을 인용해서 상대방의 잘못을 밝히려고 한다. 사과나 양해는 듣기 어렵고 변명만이 무성해진다. 사랑하며 섬기는 것보다 이기는 데만 관심이 있다. 서로 상대방의 동기와 방법이 잘못되었다는 확신을 가지고 있다. 이 경우 목회자 스스로 교회 갈등을 해결하기가 어려우며 교회 모두가 패배할 수밖에 없게 된다.

목회 전략

첫째, 너무 늦은 감이 있지만 제3자나 노회, 또는 교회 분쟁 해결 전문가를 초청해야 한다. 한국교회에는 아직 이런 전문적인 사역기관이 전무하지만 미국에는 이미 많은 팀들이 활동하고 있다. 한국교회에도 전문적이고 영성으로 무장된 분쟁 해결 전문사역자들이 생기면 많은 도움이 될 것이다.

둘째, 사단의 악한 공작이 어떻게 교인들의 약점과 죄성을 통하여 일하는지 기도를 통해 분별할 수 있도록 노력하며 전체적인 훈련을 강화해야 한다. 교회의 분쟁에 대한 성경의 직접적인 가르침(예를 들어, 고린도전서에 나타나는 교회 갈등과 치유 방법 등의 주제들)이나 강한 영성 훈련, 곧 특별 기도회나 금식 기도회 같은 영적 훈련이 실시되어야 한다.

셋째, 설교와 목회에 사랑과 공의를 균형 있게 적용하라. 공의가 없는 사랑과 은혜만 강조하면 교회가 힘을 잃고 주저앉게 되며, 사랑이 없는 공의만 강조하면 교인들 사이에 강한 분노와 복수심만 양산한다.

넷째, 문제의 본질을 회피하고 저절로 해결되도록 기다리지 말라. 목회자, 혹은 전체 교회가 내린 결정에 실수가 있더라도 결론 없이 지나가는 것보다는 훨씬 낫다. 왜냐하면 이러한 상태에 다다르면 교인들은 어느 쪽으로든 결론이 나기를 원하고, 결론 없이 질질 끄는 상태를 견디지 못해 탈진하고 만다.

사례를 통해 진단하는 갈등의 세 번째 단계

교회는 더 이상 은혜롭고 소망이 넘치던 이전의 모습이 아니었다. 교회 홈페이지에는 당회의 무능함을 성토하는 글이 계속 올라오고 있었고, 작금의 교회 사태가 L 목사가 교인들을 편애하여 생긴 결과라는 비판의 글도 종종 눈에 띄었다. 또한 L 목사의 주일 설교 내용을 조목조목 거론하면서, 이 부분은 특정인을 겨냥하여 전한 내용이 아닌가 하는 비평의 글도 등장했다.

일부에서는 "예전에 많은 교인들이 거리가 멀어 출석하지 못할 것을 뻔히 알면서도 교회 이전을 감행한 잘못된 결정의 열매를 지금 보는 것이다"라는 주장도 제기되었다. 어떤 이들은 "지금 교회가 내 편 네 편으로 갈린 것은 전적으로 마음을 열지 못하고 주인의식으로 꽉 차 있는 몇몇 사람들 때문이다"는 논리도 폈다.

그러한 소란 중에 교회 홈페이지에 '양심선언'이라는 제목의 글이 익명으로 올라왔다. 자신이 W 장로의 사주를 받아 유인물을 작성하여 배부했다는 것이었다. 이 일은 일파만파로 퍼져서, W 장로가 전에 있던 교회에서도 분쟁의 주인공이었으며 바로 그 악한 죄를 가지고 지금 우리 교회에 들어와 똑같은 악을 조장하고 있다는 소문이 나돌았다. 그러나 당사자는 전혀 그런 일이 없다고 주장하면서, 자신을 중상 모략하는 자들을 찾아내어 징계해야 한다고 강변했다.

설상가상으로, 개인적인 일로 교회를 떠난 부교역자 U 목사의 사임이 L 목사와의 갈등 때문이라는 억측도 제기되었다. 당회는 교회 홈페이지가 갈등을 파괴적으로 심화시키는 역할을 하고 있다고 판단하여 홈페이지에 글을 올리지 못하도록 조치하기로 결정했다. L 목사는 매주일 강단에서 하나님의 사랑을 외쳤지만 교인들에게는 허공을 치는 메아리로 들렸고 교회 갈등은 좀처럼 끝이 보이지 않았다.

성가대는 신임 지휘자가 너무 인본주의적으로 성가대를 이끈다는 이유로 거의 절반의 대원들이 자리를 비웠다. 급한 김에 다른 성가대 대원들 중에서 대원을 뽑아 충원을 했지만, 그래도 주일 예배에 서는 성가대원들의 수효가 눈에 띄게 줄어들었다. 점심 봉사를 담당하던 여선교회에서도 제1, 2 여선교회 임원 간에 협조가 잘 이루어지지 않아 몇 주 동안 점심식사 대신 빵과 우유가 제공되기도 했다.

과거 200~300명의 가족적이고 평화로웠던 교회를 회상하면서 "새로 들어와 교회를 어지럽히는 몇몇 장로들과 그들을 추종하는 몇몇 집사들이 마귀의 앞잡이"라고 말하는 편이 있는가 하면, 다른 쪽에서는 양적으로 크게 부흥했는데도 구태를 벗지 못하고 옛날만 그리워하는 나이 들고 케케묵은 장로들과 오래된 교인들이 교회의 성장을 가로막는 장애물이라고 주장했다. 그러던 중 그 해 마지막 달 열린 당회에서 신임 장로들이 총회헌법에 명시된 대로 65세 이상 된 시무장로 두 명을 은퇴시키자는 안을 내놓았고, 이 일로 드디어 당회에서 몸싸움까지 벌어졌다. 교회 갈등은 노회로 상정되어 그 다음해를 맞았다.

4. 4단계: 누구의 의견이 마귀적인가 하는 문제로 인한 갈등

이 단계에 다다르면 상대방이 좋은 방향으로 바뀔 수 있다는 사실을 절대로 믿으려 하지 않는다. 선택의 여지없이 오직 상대방과 싸워서 이겨야 한다. 어떤 신자들은 이러한 분쟁에 불만을 품고 교회를 떠나기 시작하고 교회에 관한 가십이 나돌기 시작한다. 이 상태가 되면 무엇이 사단의 악한 공작이며 무엇이 인생의 모습에서 나타나는 연약함인지 분간하기가 어려워진다. 교회에 남아 있는 사람들은 떠나는 사람들을 비겁하고 연약한 죄인들로 정죄한다. 왜냐하면 하나님께서 교회를 거룩하게 지키시기 위해 악한 자들을 교회에서 정리하셨다고 생각하기 때문이다. 그런가 하면 교회를 떠나는 사람들은 남아 있는 교인들을 교회의 재산이나 기득권에 집착하는 불신앙인들로 판단한다. 그리고 확신을 가지고 이렇게 토로한다. "하나님께서 촛대를 옮기셨다."

목회 전략

첫째, 영적 전쟁에 대한 건전하고 성경적인 가르침을 설교나 성경공부, 또는 특별 프로그램을 통해 시도하라.

둘째, 교회 분쟁의 모든 원인을 사단에게 돌리지 않도록 성도들에게 자기 반성과 회개를 촉구하라.

셋째, 신앙생활에서 필수적으로 경험하게 되는 영적 전쟁에 대한 주제로 특별 세미나나 집회를 가지라.

넷째, 그러나 교회 갈등이나 분쟁이 설교의 주된 주제가 되지 않도록 주의하라.

다섯째, 치유를 위해서 특별 금식기도 기간을 정하고 선포하라. 주님의 특별한 도우심이 없이는 더 이상 성장하지 못하게 되었음을 인식해야 한다.

여섯 째, 목회자 자신이 그 교회를 떠나야 할지 아니면 그 교회에서 계속 목회해야 할지 주님께 진실하게 묻고 응답을 구하라.

사례를 통해 진단하는 갈등의 네 번째 단계

다음 해 초 교회를 떠나는 교인들이 갑자기 늘어나기 시작하자 700명 정도였던 교인 수가 평균 400명 선으로 급속히 줄어들었다. 2부와 3부 예배가 기존 교인들 대 새 교인들의 예배로 나뉘어져서 따로 모이는 양상을 띠기 시작했다.

노회에 상정된 65세 장로 은퇴 건의안은 총회 규정상 강제성이 있는 법이 아니기 때문에 각 교회에서 적용할 수도 있고 그렇게 하지 않을 수도 있다는 유권해석이 내려지면서 안건이 당회로 돌아왔다. 이 일 역시 갈등의 골을 더 깊게 만들었다.

어느 주일 아침 청년회장을 맡고 있던 젊은 형제가 연로한 수석장로의 멱살을 잡고 예배당 입구에서 아우성치는 일이 일어났다. 이 일 이후 주된 이슈가 아니었던 담임 목사 신임안이 거론되기 시작했다. 지금까지 일어났던 교회의 모든 갈등의 책임이 담임 목사에게 있는 것이기에 책임을 지고 자진 사임하라는 압력이 당회와 제직회에서 나오기 시작하였다. 이상하게도 담임 목사의 사임안에 신임 장로와 새 교인들이 더 적극적으로 나왔다. 65세 이상의 장로 은퇴 안건에 L 목사가 동의하지 않았다는 것, 담임 목사가 줏대가 없어서 끝까지 자신들을 지원해 주지 않았다는 것이 주된 원인이었다.

그 다음 해는 교회가 L 목사의 신임 문제에 매달려 줄다리기를 하다가 노회에서 파송된 전권위원들이 J 장로를 비롯한 신임 장로 3명을 면직시키는 L 목사의 당회안을 승인함으로써 교회는 두 개로 나누어지게 되었고, 결국 L 목사도 교회 갈등이 수습되고 6개월도 안 되어서 지방에 있는 교회로 목회지를 옮겼다.

이상에서 우리는 교회 갈등을 네 단계로 나누어서 정리해보았다. 바로 전 단계에서 교회가 적절하게 갈등에 대응하지 못했을 때 어떻게 다음 단계로 심화되는지 살펴보았다. 또한 각 단계마다 목회자, 또는 교회의 지도자들이 어떠한 방법으로 문제를 극복하거나 예방할 수 있는가 전략을 기술하였다.

각 단계별로 기술된 사례를 통해 실제로 갈등에 처해 있는 교회의 목회자들이나 당회원들 및 교회 지도자들이 문제들을 분석해보고 그 이유들을 찾아보고 자신의 교회에 연결시켜 현재 당면한 교회 문제를 좀 더 객관적으로 파악할 수 있는 지혜를 얻고 가능한 실마리를 찾을 수 있을 것이다. 이 사례 연구는 갈등의 한복판에 있는 교회가 자신들의 모습을 객관화하여 문제의 해답을 찾는 효과적인 방법이 될 것이다. 물론 여기서 말하는 해결이란 주님께서 설정해 놓으신 계획에 따라 그분의 능력과 지혜로 문제를 풀어나가는 것을 뜻한다.

Chapter 4

갈등을 부흥의 불씨로 바꾸기 위한 전략

1. 교회 갈등에 대한 일반적인 반응들

교회에 갈등이 나타나기 시작할 때 갈등에 대한 교인들의 반응을 보면 크게 다음 네 가지로 나눌 수 있다.

1 진리를 수호하기 위해 싸움터로 나가는
전투적인 병사 타입(Aggressive Style)

교회 갈등이 일어날 때 상대방을 주님의 몸 된 교회를 파괴하려는 악한 사단의 무리로 인식하고, 영적 전쟁터로 나가는 병사의 심정으로 반응하는 타입이다. 이들은 자신들이야말로 하나님 편에 서 있는 의로운 자들이므로 더 이상 문제에 대한 파악이나 질문, 또는 대화 등이 필요

없다고 생각한다. 그저 주님만 의지하고 나아가서 악한 무리들을 쳐부수기만 하면 된다. 이들은 "예수 이름으로 승리를 얻겠네"라는 확신을 가지고 분쟁을 다룬다. 기도생활에 열심을 내고 봉사와 헌신에 힘쓰는 열성적인 교인들이 흔히 이 유형에 속하는 경우가 많다.

② 사랑의 공동체를 지키기 위해 서로의 다른 면을 포용하는 박애주의자 타입(Passive Style)

"교회는 각기 다른 모습과 배경을 지닌 사람들이 하나님의 부르심으로 하나가 된 사랑의 공동체이므로 서로 다른 점을 인정해야 한다. 서로 다른 주제나 문제에 일일이 반응하지 않아야 한다. 사랑은 허다한 죄를 덮는다고 했으니 그저 사랑해야 한다"는 식의 사랑의 수호자들이 두 번째 유형이다. 참된 그리스도인이라고 한다면 어떠한 논쟁이나 다툼도 있어서는 안 된다는 이상주의자들이다.

분쟁 속에서 상대방으로 인해 이미 상처받고 고통당하는 교인들에게 이들의 주장은 너무 잔인하고 현실과 동떨어진 메아리일 뿐이다. 화평케 하는 것(peace making)과 화평을 지키는 것(peace keeping)은 다르다. 교회 갈등을 뛰어넘어 화평하게 하기 위해서는 화평을 방해하는 요소들을 없애기 위한 노력을 기울여야 하고 하나 되기 위한 사명을 적극적으로 감당해야 한다.

3️⃣ 갈등의 요인과 자신의 문제를 혼돈하여 자기방어에 몰두하는
변호사 타입(Defensive Style)

갈등을 자신의 개인적인 문제로 받아들임으로써 문제를 객관적으로 풀어가는 방법을 알지 못하고 매사에 감정적으로 대하는 타입이다. 교회 갈등 속에서 자기 합리화를 통해 자신을 변호하고 지키려고 한다. 성경을 부분적으로 인용하여 자신의 의로움을 증명하려고 노력하고 종종 앞뒤가 맞지 않는 이야기를 하기도 한다. 때에 따라 자신의 주장을 뒷받침하기 위하여 사람들을 조종하기도 하며, 가까운 사람들을 이용하려고 한다. 자기 변호적인 목회자가 교회 갈등을 겪으면서 가장 흔히 하는 말은 이렇다. "좋은 목자는 좋은 양들을 만날 때 될 수 있다."

4️⃣ 서로 상관치 말고 각자 생각하는 대로 행하면 된다는
방관주의자 타입(Evasive Style)

각자의 의견은 모두가 상대적인 진리이므로 소인배들처럼 싸우지 말고 각기 자신들의 생각대로 행하면 된다는 타입이다. 이 논리 뒤에는 하나님께서 요구하시는 책임을 회피하려는 의식이 깔려 있다. 서로 다른 점을 놓고 싸울 만한 가치가 없다고 한다. "당신은 당신이 옳다고 생각하는 대로 행하고, 나는 내가 옳다고 생각하는 대로 행하겠소"라고 말하는 상대주의는 상대방뿐만 아니라 자신도 옳다는 확신이 없기 때문에 나오는 태도로써, 실제적으로 갈등을 풀어나가는 데 아무런 도움이 되지 못한다. 이솝우화에 나오는 박쥐처럼 양쪽을 다 만족시키기 위하

여 뛰어다니다가 어느덧 한 입으로 두 말을 하는 위선자가 되어버린다. 교회 갈등이 심화되면 어느덧 교회에서 모습을 감추어버리는 그룹이기도 하다.

이상의 네 가지 타입은 갈등을 풀거나 극복하기 위한 바른 자세가 아니다. 어떠한 반응 타입이 올바른가? 아래의 갈등 해소 과정을 통하여 바른 태도와 반응 방법을 생각해보자.

2. 어떻게 교회 갈등에 대처해야 하나?

갈등을 기회로 보는 훈련과 영적 안목이 필요하다

이것은 믿음의 문제이다. 사람은 자신이 믿는 것만큼만 행동한다. 종종 믿음과 행함에 대해 혼란스럽게 생각하는 경우가 많다. 믿음으로만 구원을 얻는 것이 진리이지만, 행함이 없는 믿음은 죽은 믿음이라는 야고보의 가르침에 전적으로 동의한다. 우리의 삶은 전적으로 믿음에 근거하며, 믿는 것만큼만 행동하고 반응할 수 있다.

예를 들어보자. 친구가 찾아와 다음날 갚을 테니 백만 원만 빌려 달라고 요구한다. 친구에게는 백만 원이 꼭 필요한 돈이다. 이 상황에서 자신에게 여윳돈이 있다면 돈을 빌려 주기 위해 필요한 단 한 가지의 조건은 그 친구가 내일 돌려 준다는 말을 믿는가 믿지 못하는가에 달려 있다. 돈을 돌려받지 못한다 해도 친구를 위해 빌려 줄 수 있지만, 만약 그 돈을 빌려 주지 못한다면 분명히 그 친구의 말을 믿지 못해서일 것이다. 친구의 말을 믿는다면 못 빌려 줄 이유가 없다.

우리가 믿음을 가진다면 갈등을 교회의 부흥의 기회로 볼 수 있다. 믿음이 있어야만 거기에 따른 우리의 반응이 나타나기 때문이다. 교회 갈등이 부흥의 불씨로 만들어진다는 믿음이 있을 때만 실제적인 부흥과 회복을 경험할 수 있으며, 갈등에도 불구하고 주시는 하나님의 약속의 말씀을 믿고 기꺼이 행동으로 반응할 수 있다.

교회 갈등이라는 고통의 순간에도 우리는 하나님께 영광 돌리는 삶을 살 수 있다

인생의 최고 목적이 무엇인가라는 질문에 우리는 '하나님께 영광 돌리는 것'이라고 고백한다. 시험과 환난 중에도 믿음을 지키면서 기뻐할 수 있는 것은 그와 같은 환경 속에서도 하나님을 향한 믿음의 반응을 나타낼 때 하나님께서 영광을 받으신다는 사실 때문이다. 성경에 나오는 많은 신앙의 위인들이 그러한 삶을 살았고 앞서간 많은 성도들 또한 그와 같은 생애를 살았다.

그러나 교회 갈등과 고통의 문제에 관해서는, 그것도 하나님께 영광을 돌리는 기회가 될 수 있다는 사실을 받아들이지 못한다. 우리가 주님의 이름과 하나님 나라를 위하여 살아가는 과정 속에서 교회 갈등도 우리가 믿음으로 반응한다면 하나님께서 기뻐하시고 영광을 받으시는 삶의 한 부분으로 만들어갈 수 있다.

자신의 눈에서 들보를 빼라

교회 갈등이 시작되어 교인들 서로 간에 불신이 증폭되며 문제 해결이 점점 어려워질 때 꼭 집고 넘어가야 할 과제가 있다면, 바로 자신의 눈에 있는 들보를 빼내는 작업이다. 산상수훈의 말씀을 다시 묵상해보자.

"외식하는 자여 먼저 네 눈 속에서 들보를 빼어라 그 후에야 밝히 보고 형제의 눈 속에서 티를 빼리라"(마 7:5).

교회가 갈등으로 휩싸일 때 제거해야 할 들보는 무엇인가?
크게 두 가지로 요약할 수 있다.

첫째, 혹시 나의 비판적이고 부정적이고 과민한 반응과 태도가 어떤 문제를 갈등이나 분쟁으로 비화시키고 있지는 않은지 숙고한다. 그것을 알아보기 위해서 빌립보서 4장 4~9절의 말씀을 조용히 묵상하는 시간을 가지라.

"주 안에서 항상 기뻐하라 내가 다시 말하노니 기뻐하라 너희 관용을 모든 사람에게 알게 하라 주께서 가까우시니라 아무 것도 염려하지 말고 오직 모든 일에 기도와 간구로 너희 구할 것을 감사함으로 하나님께 아뢰라 그리하면 모든 지각에 뛰어난 하나님의 평강이 그리스도 예수 안에서 너희 마음과 생각을 지키시리라 종말로 형제들아 무엇에든지 참되며 무엇에든지 경건하며 무엇에든지 옳으며 무엇에든지 정결하며 무엇에든지 사랑할 만하며 무엇에든지 칭찬할 만하며 무슨 덕이 있든지 무슨 기림이 있든지 이것들을 생각하라 너희는 내게 배우고 받고 듣고 본 바를 행하라 그리하면 평강의 하나님이 너희와 함께 계시리라."

이 말씀은 내가 섬기던 교회에 갈등이 심화되어 고통이 극심해졌을 때 하나님께서 우리 가정에 주셨던 말씀으로서, 아내와 내게 큰 힘이 되었던 말씀이다. 본문 배경이 되는 2절 말씀을 보면 빌립보교회에 있었던 두 여인 곧 유오디아와 순두게, 두 사람이 마음이 일치하지 않아 분쟁이 일어났던 것 같다. 이 두 사람에게 사도 바울은 4~9절의 말씀으로 어떻게 주님 안에서 한마음을 품을 수 있는지 가르쳐 주고 있다.

교회에 불일치와 갈등이 있을 때 내가 과연 하나님의 주권을 철저히 인정하며 이러한 가운데서도 기뻐하는 마음과 너그러움, 곧 상대방을 생각하는 마음이 있는지 점검해야 한다. 어떤 문제를 놓고 조급한 마음이 생기면 보통 하나님께 기도하는 것보다 내 생각과 지혜로 문제를 풀려고 한다.

교회 갈등의 소용돌이 속에서 목회자와 평신도 리더들, 또는 일반 성도들이 가장 많이 저지르는 잘못이 있다면 문제를 풀기 위하여 부지런히 모여서 의논하고 방법을 모색하여 분주히 행동하는 데 시간을 다 써 버리고, 가장 필요한 기도에는 실제로 시간을 거의 할애하지 않는다는 것이다. 교회는 하나님께서 세우신 공동체이기 때문에 기도 없이는 그 어떠한 문제도 올바르게 해결될 수 없다는 기본 진리를 잊고 문제에 매달려 시간을 허비하는 것이다.

하나님께서 주시는 마음 없이 자신의 생각이 앞설 때 결코 문제를 객관적으로 평가할 수 없다. 기도는 단순히 '주님, 이 문제를 해결해 주십시오' 하고 요청하는 것이 아니라 주님의 뜻을 찾는 행위, 다시 말해 나와 상대방을 놓고 객관적으로 볼 수 있게 해달라고 구하는 행위이다. 기도할 때만이 하나님의 안목으로 문제를 볼 수 있다.

위의 성경 구절들은 자신이 얼마나 바른 자세로 교회의 문제에 접근하고 있는지 평가할 수 있는 좋은 가이드이다. 이 구절들을 다음 7가지 질문으로 요약해서 적용해보자.

1) 교회 갈등 때문에 찢겨진 자신의 마음을 들여다볼 때, 이 일을 통하여 하나님께서 좋은 것을 주시리라는 믿음에 근거한 감사와 기쁨이 있는가?
2) 오늘 나의 모습이 그 누가 보더라도 그리스도인으로서 신사적이고 단정한가?
3) 문제를 해결하기 위하여 주위 사람들을 만나 이야기하는 시간과 하나님께 나아가 그 문제를 놓고 기도하며 그분의 뜻을 찾는 시간 중 어느 쪽의 비중이 큰가?
4) 내 말과 행동은 상대방에 대한 사랑에 근거를 둔 것인가?
5) 나의 결정과 행동이 다른 사람에게 칭찬받을 만한가?
6) 방법과 관련하여 교회와 모든 사람들에게 덕을 끼치고 있는가?
7) 말과 행동이 진실하고 깨끗하므로 다른 사람들에게 모범이 되고 있는가?

만약 질문에 거리끼는 것이 발견되면 겸손히 주님 앞에 무릎을 꿇자. 더 늦기 전에, 교회 갈등이 돌이키기 어려운 상황으로 치닫기 전에 내 눈에 있는 들보를 빼내자. 혹시 아는가? 주님께서 회개하고 각성하는 우리의 모습을 보시고 교회 갈등의 불꽃을 곧 꺼주실 줄….

둘째, 내게서 악한 말과 행동이 없는지 살펴야 한다. 우리는 죄의 문제에 있어서 원시안을 가지고 있다. 멀리 있는 다른 사람의 죄는 대단하다 싶을 정도로 선명하게 보는데 자신에게 있는 죄악은 잘 보지 못한다. 아니, 잘 보지 못하는 정도가 아니라 전혀 보지 못하는 경우가 많다.

그렇다면 우리는 어떻게 자신의 죄를 깨닫고 파악할 수 있는가? 제삼자에게 도움을 청하는 것이 좋은 방법이다. 목회자라면 개인적으로 전혀 모르는 원로목회자를 찾아가 자문을 구하는 것도 좋은 방법이다. 고통스럽지만 좀더 객관적인 진단을 받고 싶다면 다른 교회 장로나 평신도 지도자에게 문제를 나누는 것도 효과적이다. 평신도라면 역시 잘 알지 못하는 덕망 있는 그리스도인을 찾아가 함께 기도하며 문제를 나누어보라. 물론 이런 일이 한국인의 문화적 배경으로 볼 때 참으로 어려운 것이기는 하지만 시도해볼 만한 방법이다.

만약 누군가에 잘못한 것이 드러나면 잘못을 솔직하고 철저하게 시인하는 것이 중요하다. 시인하는 것으로 끝나는 것이 아니라 한 걸음 더 나아가 자신의 행동을 고치고 상대방에게 용서를 구해야 한다. 들보를 빼낼 때 가장 중요한 과정은 잘못을 시인하는 것 이상으로 잘못의 원인을 뿌리 채 뽑아버리겠다고 결단하는 것이다. 성경은 갈등과 분쟁이 우리의 마음속에 있는 정욕에 뿌리를 두고 있다고 가르친다(약 4:1~3).

마태복음 15장은 마음속의 정욕이 분쟁과 싸움을 일으키는 과정에서 구체적인 죄의 모습으로 나타나는데, 곧 악한 생각, 살인, 간음, 음란, 도적질, 거짓 증거, 중상모략, 비방들이라고 가르치고 있다(18~19절).

앞부분에 나열된 것들은 확연한 죄로 생각하지만 뒤에 나열된 거짓 증거나 중상모략, 비방, 험담 등에 대해서는 갈등 상황에서 양심의 가책 없이 쉽게 저지르는 죄악들이다. 확실치 않은 것들을 단지 느낌과 추측, 아니면 남에게 들은 이야기를 근거로 진위 여부에 대한 검증이 없이 상대방을 비판하고 정죄하는 일이 빈번하게 나타나기 때문이다.

만약 당신이 어떤 일에 집착한다면 과연 그것이 바른 소망에 근거한 것인지 점검해보라. 아무리 좋은 일이라 할지라도 그 일을 통하여 자신의 행복과 성취감, 안전을 도모하는 것이라면 그것은 죄요 우상숭배라고 할 수 있다. 예를 들어 교회를 부흥시키고자 하는 목회자의 열심 자체는 절대로 잘못된 소망이라고 볼 수는 없다. 그러나 목회자로서의 행복이나 성취감을 얻기 위해 그것에 매달린다면 또 다른 형태의 우상숭배가 된다.

자신에게서 두 번째 들보가 발견되면 주님께 문제를 가지고 나아가 기도하면서 주님의 도움을 구해야 한다. 또한 주님 한 분만으로 만족하며 주님만을 전심으로 예배할 수 있는 바른 예배자로 돌아와야 한다. 대부분의 경우, 교회에 갈등이 있을 때 목회자들은 그 문제에 매달리면서 하나님 앞에 엎드려 예배하고 그분과 교제하는 시간을 소홀히 한다. 그래서 교회의 어떤 문제가 하나님보다 더 크게 보일 때가 많다. 분명한 사실은 우리의 문제나 교회가 겪고 있는 진통보다 우리 하나님은 더 크고 위대한 분이시라는 것이다.

이 사실을 깨닫고 하나님께 돌아와 "여호와는 나의 목자시니 내게 더 필요한 것은 없습니다. 주님 한 분만으로 만족하고 행복합니다"는 고백을 온 마음으로 드릴 때 참된 자유를 경험한다. 이러한 마음의 변화는 현재 안고 있는 문제를 풀어나가는 데 촉진제 역할을 할 뿐 아니라 장차 있을 비슷한 갈등을 바르게 처리하는 영적 능력을 키우는 기회도 된다.

상대방에게 가서 그의 잘못이 무엇인지 말하라

앞에서도 지적했지만 한국인은 점액질이 많고 또 문화적인 영향 때문에 다른 사람의 문제를 지적하려고 하지 않는다. 교회가 갈등을 풀어 나갈 때 빠뜨리지 말아야 할 점은, 현재 교회가 겪고 있는 갈등의 원인을 제공한 성도를 찾아가 그의 잘못을 진실하게 말해 주는 것이다.

잠언 19장 11절에 보면 "허물을 용서하는 것이 자기의 영광이니라"라고 말씀하고 있다. 그러면 언제 허물을 덮어 주고 언제 허물을 지적해야 하는가? 한 마디로 잘라 말하기는 어렵지만, 일반적으로 다음 질문에 모두 '아니오'라고 확실히 말할 수 있다면 허물을 덮어 주어야 한다.

- 이 허물이 현저하게 하나님의 영광을 가리는 잘못인가?
- 이 허물이 사람 간의 관계에 영구적인 영향을 끼치는가?

- 이 허물이 다른 사람에게 심각하게 상처를 주고 있는가?
- 이 허물이 그 사람 자신에게 심각한 상처를 주고 있는가?

이 네 가지 질문 중 하나에라도 '예' 라는 대답이 나오면 그 허물은 지적하고 고치도록 해야 한다. 허물을 지적하고 고치는 방법은 마태복음 18장 15절에 나오는 것처럼 먼저 그 사람에게만 권고해야 한다. 우리 문화권에서는 이 문제를 정말 지혜롭게 생각해야 하는데, 아래의 사항들을 진지하게 숙고해야 한다.

- 겸손과 지혜를 위해 기도하라.
- 어떤 말을 할지 미리 신중하게 생각하라.
- 어떤 반응이 나올지 미리 예상해보고 바른 답변을 강구하라.
- 적절한 시간과 장소를 선정하라.
- 상대방의 이야기를 진지하게 경청하라.
- 상대방을 세우기 위해서 말하라.
- 사람을 변화시키려고 하지 말라. 오직 하나님만이 사람을 변화시키실 수 있다.

첫 번째 시도를 통해서 문제가 해결되지 않았다고 포기하는 것은 현명하지 않다. 많은 사람들이 마태복음 18장 15~26절 말씀을 근거로 한 번 시도한 후 곧장 두세 사람과 함께(때에 따라서는 교회의 어떤 치리 기관과 함께) 일을 시작하는 경우가 있다. 그러나 첫 번째 시도에 실패했으면 무엇이 잘못되었는지 점검해보고 간절히 기도한 후 다시 개인적인 권면을 시도해보는 것이 바람직하다. 그래도 문제가 해결되지 않고 허물이나 죄가 반복되는 경우에는 두세 사람과 함께 이 일을 기도하며 풀어나가는 것이 순서이다.

가서 화해하라

성경적으로 교회 갈등을 풀어나가려고 할 때 가장 독특한 면이 있다면 순수한 용서와 화해를 들 수가 있다. 우리는 가장 위대한 용서를 받은 사람임에도 불구하고 다른 사람을 용서하는 데 너무 인색하다. "난 그 사람을 용서했어. 그렇지만 더는 상대하고 싶지 않아" 하고 말하곤 한다. 만약 하나님께서 우리에게 "난 너를 용서했단다. 그러나 이제 너를 더는 상대하고 싶지 않구나"라고 말씀하신다면 우리가 참으로 하나님의 용서를 받았다는 생각이 들겠는가?

하나님께서는 우리를 철저히 용서해 주셨을 뿐만 아니라 우리와 온전한 화해를 하셨다. 하나님께서 우리를 부르신 것은 바로 우리도 이렇게 용서하게 하시기 위함임을 기억해야 한다.

"누가 뉘게 혐의가 있거든 서로 용납하여 피차 용서하되 주께서 너희를 용서하신 것과 같이 너희도 그리하고"(골 3:13).

다음은 주님의 용서를 생활 속에서 실천하기 위한 4가지 구체적이고 실제적인 방법이다.

첫째, 나는 이 문제를 다시는 기억하지 않겠다.

둘째, 나는 이 문제를 가지고 다시는 상대방을 책망하지 않겠다.

셋째, 나는 이 문제에 대해 다른 사람에게 말하지 않겠다.

넷째, 나는 이 문제가 우리 사이에 거침돌이 되지 않게 하겠다.

여기서 꼭 기억해야 할 것이 있다. 이 용서 방법은 철저한 영성 훈련을 통해서만 가능하다. 우리 자신의 힘만으로는 절대 불가능하다. 그래서 주님께 용서의 능력을 달라고 간절히 엎드려 기도해야만 한다.

성경적인 방법으로 협상하라

갈등의 소지를 제공한 당사자나 그룹과 만나 의논하며 협상하는 단계이다. 많은 교회 갈등이 해결의 실마리를 찾는 듯하다가 다시 벽에 부딪치는 경우는 바로 이 단계에서 성경적인 방법을 따르지 못하기 때문이다. 교회 갈등의 이면에는 금전적인 이해, 개인의 기득권을 포기해야 하는 문제가 자리 잡고 있다. 미국 동부의 한 교회는 교회 갈등이 발생한 지 4년이 지났는데도 결말이 나지 않아 법정까지 가서 마지막 해결책을 찾으려 하고 있다. 가장 큰 문제는 교회의 재산권이다. 큰 교회일수록 분쟁이 막바지로 치달을 때 가장 풀기 어려운 문제가 교회 건물과 재정 소유권에 대한 문제들이다.

이 단계에서는 자기중심적이거나 이기적인 자세로 접근하지 말고 다른 사람을 배려하는 마음으로 접근해야 한다.

성경적인 협상 방법에 대해 생각해보자.

첫째, 기도로 준비하며 성결한 마음으로 가능한 해결책을 다양하게 준비하라.

둘째, 상대방을 존중하는 마음과 관심을 진실하게 표현하라.

셋째, 상대방이 원하는 것과 두려워하는 것이 무엇이며, 또한 그 사람의 한계가 무엇인지 파악하라.

넷째, 상대방과 함께 창조적인 해결책들을 다양한 각도에서 찾으라.

다섯째, 각기 다른 해결책을 놓고 객관적이며 논리적으로 평가하라. 그러나 이때 논쟁이 되지 않도록 주의하라.

중요한 것은 다양한 해결책을 준비하는 것이다. 그리고 상대방이 두려워하는 것과 상대방의 한계를 이해하는 것이다. 대화하고 협상한다는 것은 서로가 다른 입장에 있지만 차이점을 줄이고 가능한 합일점을 찾겠다는 노력이다. 따라서 '이 방법밖에 다른 방도는 없다'고 이미 결론 내리고 대화 테이블로 나간다는 것은 자기기만이다.

성경적 협상 방법은 반복적인 훈련을 통해 비로소 습득할 수 있기에 개인적인 훈련이 필요하다. 하지만 교회 갈등과 분쟁을 처음 접하는 목회 초년생이나 교인들로서는 실제로 적용하기가 어렵다. 따라서 교회 분쟁을 해결하기 위해 제삼자의 도움을 구하는 것이 가장 효과적인 접근방식이 될 수 있다. 앞에서 기술한 대로 한국교회도 교회 갈등과 분쟁을 다룰 수 있는 전문 사역자 발굴과 훈련이 절실하게 필요하다. 아울러 교회 갈등에 대처하기 위한 독립적인 사역팀이 결성돼 활동해야 한다.

상식 이하의 사람이 있을 수 있음을 기억하라

교회 갈등 문제를 다룰 때마다 기억해야 할 것은, 아무리 좋은 의도와 합리적인 방법으로 문제를 풀어보려고 해도 상대방이 오히려 더 마음을 굳게 닫는다든지 아예 화해 자체를 거부하는 경우가 있을 수 있다는 것이다. 그럴 경우 두 가지를 고려해야 한다.

첫째, 하나님께서는 결과를 보고 성공했다고 평가하시는 것이 아니라 신실한 순종을 높이 평가하신다. 하나님께서는 우리가 다른 사람의 행동까지 책임져야 하는 것은 아님을 잘 알고 계신다. 하나님께서 요구하시는 것은 우리가 하나님의 계시된 뜻에 가능한 한 충성되게 순종하는 것이다. 만약 그렇게만 한다면 분쟁의 결과가 어떻게 나타나든지 관계없이 하나님께서 "잘했다. 착하고 충성된 종아!" 하고 칭찬하실 것이다.

둘째, '그래도'의 자세로 끝까지 성경적인 방법을 포기하지 않는다. 이것은 "그리 아니하실지라도"라는 다니엘의 세 친구의 신앙적 결단과 같은 심정이다. 일반적으로 이 모양 저 모양으로 노력해보다가 결과가 좋은 쪽으로 나타나지 않을 때는 다른 방법을 선택한다. 세상적인 방법을 택하는 것이다.

하지만 우리는 어떠한 경우에도 성경을 포기해서는 안 된다. 많이 노력하고 애썼는데 결과가 나타나지 않을 때, 포기하고 싶고 답답해서 세상적인 방법으로 문제를 속히 해결해보리라는 마음을 가질 수 있다. 이 때가 탈진하기 쉬운 때이다. 이러한 영적인 위기에 닥쳤을 때 다음 다섯 가지 실천사항을 시도해볼 수 있다.

첫째, 말을 조심하라. 불평을 늘어놓으며, 핍박하는 자를 축복하는 것보다 원수를 갚고 싶은 마음이 입을 통하여 나오면서 하나님 앞에 범죄 하기 쉬운 때이다.

둘째, 경건한 동역자나 영적 멘토를 찾으라. 갈등과 관련해서 그 누구와도 의견을 나눌 수 없고 기도의 제목들을 공유할 수 없는 상태라면 그것처럼 위험한 경우는 없다. 그러므로 함께 기도할 사람, 당신의 문제를 가장 잘 이해하며 믿음 안에서 고통을 나눌 수 있는 경건한 사람을 찾아야 한다.

셋째, 하나님 앞에서 당신이 추구하는 과정이 분명히 옳다는 확신이 들면 기도하며 그 길을 계속 가라.

넷째, 당신의 연약함을 인정하고, 상대방에 대한 미움이나 보복의 마음이 발전되지 않도록 마음을 다스리라.

다섯째, 끝까지 붙잡아야 하는 우리의 위대한 무기인 사랑을 점검하고 또 점검하라.

위에서 소개한 방법으로 자신을 지킬 수 있다면, 당신을 반대하는 사람에 대한 증오와 복수심을 다스리지 못함으로써 스스로를 원망하고 자책하는 위험에서 벗어날 수 있고 자멸을 모면할 수 있다.

그 다음 단계로, 하나님께서 간섭하셔서 무엇이 옳은 것인가 모두에게 친히 보여 주실 때가 있다. 당신을 반대하는 사람들이 계속 잘못된 일을 할 때에도, 하나님께서 모든 일을 주장하고 계시며 그분의 때에 분명히 최선을 위해 일하실 것이라는 믿음을 끝까지 지켜야 한다. 바로 이러한 신앙과 삶을 통해 하나님께서 영광을 받으시며, 모든 것을 통하여 선을 이루시는 주님의 손길을 체험할 수 있다.

위로부터 오는 도움을 바라라

마지막으로, 그 누구도 자신의 능력과 노력만 가지고 갈등과 분쟁을 화해와 평화로 만들지 못함을 인정해야 한다. 하나님께로부터 도움을 얻어야 한다. 하나님께 이러한 도움을 얻으려면 먼저 그분과 우리가 화평해야 한다. 모든 지각에 뛰어난 하나님의 평강을 받으면, 다른 사람과 평화할 수 있는 힘과 능력을 하나님께서 친히 부어 주신다.

Chapter 5

잿더미 위에도
부흥의 소망은 있는가?

    이제까지 우리는 네 장에 걸쳐 다양한 갈등의 모습과 그 원인, 그리고 갈등을 예방함으로써 파괴적인 영향을 줄일 수 있는 교회 내 교육, 그리고 갈수록 치열해져 가는 갈등의 단계에 따라 할 수 있는 일과 합당한 접근 방식에 대해 살펴보았다. 다시 한 번 말하지만, 이 모든 방법론 상의 조언을 뛰어넘어 '교회의 모든 갈등은 개인의 영적 성장과 성숙을 위한 과정'이라고 단언할 수 있는 신앙적 안목이 필요하다.

    갈등과 분쟁의 소용돌이 속에서도 참 기쁨을 누릴 수 있는 것은, 갈등이 주님께서 우리를 주님께서 원하시는 인격체로 빚어가기 위한 그분의 계획 가운데 한 부분임을 깨닫기 때문이다. 따라서 우리는 그동안 나눈 여러 가지 치유책들을 다음 세 가지 사항으로 요약 정리해보면서 갈등과 분쟁의 긴 터널을 통과하여 주님께서 예비하신 승리와 평강의 자리로 나아가기 위한 마지막 열쇠들을 준비해보자.

평강의 문을 여는 세 가지 열쇠
첫째, 하나님의 은혜를 철저히 의지하라.

갈등 속에 빠진 교회는 바다에 뛰어든 베드로와 같다고 볼 수 있다. 주님을 따르겠다고 회심하고 헌신했다는 이유 하나로, 삶에 몰아닥치는 폭풍우를 면제 해주신다는 약속을 받은 것으로 착각하는 경우가 얼마나 많은가? 주님께서는 바다 가운데 있는 우리에게 '오라' 고 하신다. 얼마나 많은 신자들과 교회들이 베드로처럼 '오라' 하시는 주님을 보는 대신 주위에 넘실거리는 갈등의 파도를 보고 두려워하며, 자신의 방법으로 그것을 극복해 보겠다고 허우적거리는지 알 수 없다. 아무리 갈등을 극복할 수 있는 강력한 리더십이나 교육을 통한 훌륭한 방법이 있다 할지라도 하나님의 간섭하심보다 절대 우선할 수 없다.

우리는 "주여, 도우소서" 하고 주님께 도움을 구해야 한다. 갈등의 폭풍이 아무리 거세다 할지라도 주님의 은혜면 충분하다. 전혀 부족할 것이 없다. 문제는 우리 주위에 큰 물결이 넘실거리고 순식간에 덮쳐오는 파도를 볼 때 우리에게 두려움, 실망, 그리고 낭패감이 몰려온다는 것이다. "주여 도우소서"라고 소리쳐 부르짖건만 아무 응답도 없다. 이젠 곧 물에 가라앉을 것만 같다.

이 때 우리는 기억해야 한다. 우리 앞서 살았던 많은 믿음의 선조들도 모두 이러한 광야의 때를 통과했다는 진실을 말이다. 우리가 교회 갈등의 한복판에 서 있을 때에 하나님께서 지금 우리 교회와 우리 주위에 계시지 않은 것처럼 느껴질 때가 종종 있다. 하지만 그러한 때에도 느낌에 의지하지 말고 그분의 약속의 말씀을 붙잡아야 한다. "그가 친히 말씀하시기를 내가 과연 너희를 버리지 아니하고 과연 너희를 떠나지 아니하리라"(히 13:5)고 약속하셨다. 아무리 교회가 분쟁으로 앞이 보이지 않는 짙은 안개 속에 있다 할지라도 하나님께서도 언제나 그곳에 계시다는 사실을 잊지 않아야 한다.

그런데 우리가 말씀을 의지하여 나아가려고 할 때 우리 마음에 회의와 의심, 그리고 두려움을 심어놓는 사단의 끊임없는 공격에 직면하게 된다. 이 때 우리가 다시 붙잡아야 할 것이 있다면 바로 주님의 은혜이다. 은혜란 받을 자격이 없는 자에게 하나님께서 주시는 모든 좋은 것을 의미한다. 그러므로 이 은혜라는 말 안에는 하나님의 사랑, 십자가를 통한 구원, 우리의 죄를 용서하심, 이 모든 것이 다 포함되어 있다. 우리를 선택하신 그 하나님께서 우리 머리털까지 세고 아시는 그 능하신 지혜로 지금 우리의 길을 인도하고 계신다. 우리가 구원받은 것이 우리의 공로나 자격에 근거한 것이 아니라 전적인 그분의 은혜였다면 당연히 지금 우리가 당면한 갈등과 분쟁의 폭풍 속에서 건짐을 받고 평강의 자리로 나아갈 수 있는 힘도 오로지 그분의 은혜이다.

그렇다. 하나님의 은혜에 대한 자각이 없이는 교회 갈등을 풀 수 있는 그 어떠한 해결책도 없다. 외치라. 자신의 느낌이나 주위에 나타나는 현상에 의해 좌우되지 말고 그분이 하신 약속의 말씀을 붙잡으라. 그리고 예수를 알게 된 때부터 우리에게 흘려 넘쳤던 그분의 은혜를 또다시 체험할 수 있다는 믿음으로 기다리라. 갈등의 바람과 분쟁의 파도를 잠잠케 하시는 주님의 역사를 체험할 수 있을 것이다.

갈등 해결의 가장 중요한 첫 번째 열쇠는 주님의 은혜이다.

둘째, 주님께서 마태복음 18장에서 가르쳐 주신 원리를 마음에 새기고 적용하라.

'서로 받아들이라' 는 원리를 따르는 것이다. 앞 장에서 이미 마태복음 18장 15~17절에 기술된 갈등을 풀기 위한 방법을 단계별로 구체적으로 나누어 살펴보았다. 그런데 마태복음 18장 15~17절 내용과 주제가 그 구절에서 끝난 것이 아니라 18장 마지막 절인 35절까지 계속되고 있다. 15절은 이렇게 시작된다. "네 형제가 죄를 범하거든…." 그런데 이 구절의 원어는 "네 형제가 네게 죄를 범하거든(If your brother sins against you)…."으로 되어 있다. 교회의 갈등이 어떤 성도의 죄 문제와 연결되어 있을 때, 그리고 그 죄가 나에게 전혀 영향을 끼치지 않거나 나와 관계가 없을 때에는 그 성도의 문제를 대하는 태도가 매우 관대해진다. 그런데 그것이 나에게 직접 해를 입힌 것이거나 아니면 나에게 불리하게 작용하는 문제일 경우에 일반적으로 우리는 그 문제를 객관적으로 다루지 못한다.

그런데 21절에 보면 베드로의 질문이 나온다. "그때에 베드로가 나아와 가로되 주여 형제가 내게 죄를 범하면 몇 번이나 용서하여 주리이까 일곱 번까지 하오리이까." 이 질문에 대한 주님의 말씀, "일흔 번씩 일곱 번이라도 용서하고 받아들이라"는 그 유명한 교훈이 바로 갈등을 푸는 핵심이다. 그런데 일흔 번씩 일곱 번 용서하라는 주님의 말씀은 전혀 현실적이지 않고 너무 이상적이기만 한 교훈으로 생각된다. 교회의 갈등과 분쟁의 소용돌이 속에서 이 교훈이 과연 실천 가능한 것인가?

그런데 이 문제를 푸는 비밀의 열쇠가 바로 '네 형제'라는 말이다. 한 형제라는 의식을 가진다면 이것이 가능하다는 것이다.

내게는 두 살 아래의 남동생이 있다. 우리는 함께 자라면서 수없이 싸웠다. 내 기억에는 내가 형이라서 많이 양보했던 것 같은데 아마 동생은 전혀 그렇게 생각하고 있지 않았던 것 같다. 어렸을 때 우리가 나가서 함께 놀면 그냥 웃고 집에 들어오는 일이 없었다. 구슬치기를 하든지, 딱지치기를 하든지, 돌치기(비석놀이)를 하든지 항상 그 끝은 싸움으로 마무리 되었다. 그런데 신기한 것은 그렇게 싸우고도 그 다음날 또 함께 놀러 나간다는 사실이다. 초등학교 시절, 한 번은 자치기(나무 막대기를 가지고 노는 게임)를 하다가 동생이 뭔가 억울한 일을 당했던 것 같다. 분을 삭이지 못한 동생이 내게 이렇게 말했다. "내가 형한테 억울하게 당한 이 일을 잊어버리면 그날이 내가 죽는 날이야." 어린 나이에 어떻게 그런 말을 할 수 있었는지 모르겠지만 그 말을 듣고 나는 섬뜩했다. 지금까지 내 기억에 남아 있는 것을 보면 틀림없이 대단히 심각한 상황이었을 것이다. 나중에 어른이 되어서 동생에게 그 일에 대해 물었다. "민아, 그때 그렇게 말했던 것 기억해?" "내가 그런 말을 한 적도 있었어?" 동생은 전혀 기억조차 하지 못하고 있었다. 그리고 아직도 멀쩡하게 살아 있다. 30년이 지나고 어른이 된 지금 우리는 그 누구보다도 사랑하고 아끼는 형제이다.

교회의 갈등과 분쟁이 악화되어 끝이 보이지 않는 순간에도 우리는 그리스도 안에서 한 형제라는 사실을 끝까지 붙잡아야 한다는 것이 열쇠이다. 언젠가 우리는 영광스러운 하나님 나라에서 다시 얼굴을 마주 대하게 될 것이다. 부인하고 싶겠지만, 오늘 교회 안에서의 갈등으로 서로를 힘들게 하고 다시는 보고 싶지 않은 얼굴들 대부분이 우리가 앞으로 영원히 마주보고 지내야 할 그 얼굴들이라는 것이다. 그리스도의 피로 한 형제 된 우리 안에서의 사랑이 인간의 혈연지간에 나타나는 진하고 끈끈한 정보다 깊어야 하지 않겠는가?

하나님께서는 불완전하고 죄로 얼룩진 우리를 이 지상 교회에 심으셨고, 이곳에서 우리는 영원히 살게 될 그 하나님 나라에서의 삶을 연습하고 훈련하는 것이다. 그렇다. 우리는 이 땅에서 살아갈 때 이곳이 하나님께서 예비하신 그 영광스런 나라인 것처럼 생각하고 스스로를 훈련해야만 한다. 그 중심에 형제 의식이 있어야 한다.

셋째, 에베소서 6장 10~18절에 나오는 원리대로 '하나님의 전신갑

주'를 입는 것이다.

여기에서 말하는 하나님의 전신갑주를 두 가지로 요약하면 말씀과 기도이다. 말씀과 기도는 신앙인에게 기본이며 핵심이라고 말할 수 있다.

2006년 미국에서 처음 열렸던 "월드 베이스볼 클래식(World Baseball Classic)"에서 한국이 4강에 올라가는 큰 성과를 거뒀다. 그때 미국 메이저리그 공식 홈페이지에 한국팀에 대한 다음과 같은 평가가 실렸다.

"한국이 4강에 올라오리라고는 아무도 예측하지 못했다. 그러나 한국은 충분히 그럴 만한 실력을 갖추고 있었다. 그 실력은 기본기이다. 한국처럼 기본기에 눈을 돌려야 미국 야구도 발전할 수 있다."

한국의 월드컵 4강 신화를 일궈낸 히딩크 감독도 혹독한 기본기 훈련의 성과가 4강 달성이라고 하였다. 스포츠뿐만 아니라 영적인 면에서도 승패의 관건은 기본기에 있다.

교회의 갈등과 분쟁이 서서히 심화되어 갈 때 교회는 기도와 말씀으로 돌아가야 한다. 삼삼오오 모여서 머리를 맞대고 해결점을 찾고, 자신을 이해해주는 사람들을 찾으러 다니는 것보다 먼저 성령 안에서 깨어 기도하고 진리로 허리띠를 띠고 하나님의 말씀을 굳게 붙잡아야 한다. 기도와 말씀의 훈련을 게을리 하면서 눈에 보이는 문제 풀기에 급급해서 목회자는 목회자대로, 중직자들은 중직자대로, 성도들은 성도들대로 동분서주하다보면 교회의 갈등이 오히려 눈덩이처럼 불어나는 일들이 얼마나 많은지 알 수 없다.

지금 교회가 돌이킬 수 없는 갈등의 소용돌이 속에 있는가? 교회 구성원 모두가 기도와 말씀 묵상을 위해 전보다 더 많은 시간을 쏟아 부으라.

질병을 치유하는 방법에는 약을 써서 치료하는 방법도 있지만 체력을 강하게 하여 질병을 이기는 방법도 있다. 시간이 걸리는 듯이 보일지라도 체력을 강하게 하고 몸을 건강하게 유지하여 몸에 들어온 질병을 이기는 방법이야말로 교회가 지향해야 할 갈등 극복 방법이다.

평강의 문을 여는 마지막 세 번째 열쇠는 기도와 말씀이다.

앞의 네 장에 걸쳐 많은 교회 갈등의 모습들을 소개하였다. 그런데 단편적인 예를 들다보니 갈등을 경험한 모든 교회들이 회복되지 못하고 어려움의 나락으로 떨어진 듯한 인상을 주지 않았나 싶다. 사실 교회의 갈등 사례들을 살펴보면 그 어려움을 이겨내고 주님께서 예비하신 참 평강과 부흥을 체험한 교회들이 수없이 많다. 그 중에 마지막으로 한 가지 예를 소하고자 한다.

갈등을 부흥의 불씨로 바꾼 Z 교회

강남에 있는 Z 교회에 담임 목사가 새로 부임했다. 새로 부임한 J 목사는 같은 노회에 속해 있던 강북의 S 교회에서 부목사로 사역하던 목사였다. J 목사는 미국에서 유학을 마치고 약 2년 동안 S 교회의 부교역자로서 대학부와 청년부를 맡아서 열심히 사역해 왔다. 마침 Z 교회 장로 두 명이 J 목사를 알고 있어서 그 두 장로의 추천으로 Z 교회 담임 목회자로 청빙을 받게 된 것이다. 그런데 Z 교회는 지난 5년 동안 담임 목회자가 3번이나 바뀌는 어려움을 겪으면서 갈등의 터널을 지나오고 있던 교회였다. J 목사가 추천을 받아 이 교회에 오게 된 이유 중 하나가 J 목사의 온순한 성품과 풍성한 사랑, 또한 미국 생활을 통해 얻게 된 밝은 품성과 개방적인 목회 스타일이 약 5년의 갈등과 분쟁으로 지쳐 있고 어두워져 있던 Z 교회 당회원들에게 강하게 각인되었기 때문이었다.

기대했던 대로 J 목사가 부임하여 반년이 지나가면서 교회는 300명에서 450명으로 급격하게 성장했다. 그렇지만 흔히 목회자와 교회의 신혼 기간이라고 불리는 1년이 채 지나지도 않은 때에 새로운 갈등의 조짐이 나타나기 시작했다. 불씨는 당회원 5명 중에 J 목사를 강하게 추천했던 두 장로와 남은 세 장로와의 의견 대립이었다. 새로이 출석하여 Z 교회를 1년 가까이 섬겨오던 두 명의 무임 장로를 협동 장로로 추대하는 문제였다. 두 장로 가운데 한 명은 J 목사가 미국에서 유학할 때 함께 섬기던 교회에 출석하다가 귀국하면서 Z 교회에 등록한 사람이었고, 또 한 명의 장로는 J 목사가 Z 교회에 부임할 즈음에 지방에서 서울로 이사하면서 Z 교회에 출석하기 시작한 사람이었다.

J 목사를 강력하게 추천했던 된 두 장로는 이 문제에 대해 교회의 내

규상 만 1년이 된 다음에 두 사람을 협동장로로 추대하자고 주장했고, 다른 3명의 장로는 이미 1년 가까이 교회를 출석하면서 필요한 검증이 다 된 마당이니 교회의 내규에 얽매이지 말고 일꾼을 세우는 의미에서 협동장로로 추대하자고 주장했다. 당회에서 두 의견이 팽팽히 맞서자 J 목사는 내규를 존중하여 1년이 지난 후에 세우는 것이 좋겠다고 결정을 내렸다. 결정은 그렇게 났지만 그 결정에 J 목사는 내심 못마땅한 생각을 가지고 있었다. 다만 개인적인 친분 때문에 협동장로로 추대하려고 한다는 오해를 받을까봐 당회에서 거꾸로 피했던 것이다. 그 일이 있은 후에 J 목사는 Z 교회가 좋은 일꾼들을 세워 주고 인정해 주는 일에 전통과 규범에 얽매여 자유롭지 못하다는 생각을 품게 되었다. 그리고 그러한 생각이 은연중에 설교나 목회 행정 등에 나타나기 시작했다. 그래서 "교회는 열린 교회를 지향해야 한다"라든지 "교회의 개척 멤버들이 주인의식을 버려야 교회가 산다"는 등의 설교가 강단에서 간간히 선포되었고, 이에 대해 두 가지 상이한 반응이 교인들 사이에서 나오면서 교회의 갈등을 5년 동안 경험했던 나쁜 기억들이 교회 안에 다시 일어나기 시작한 것이다. 그러나 그러한 가운데에도 교회는 꾸준히 양적으로 성장하고 있었다.

그런데 그 일이 있은 지 1년이 지났을 때 무임으로 있던 2명의 장로를 협동장로가 아닌 시무장로로 곧장 취임시키자는 의견이 당회에 상정되면서 문제가 다시 불거졌다. J 목사가 부임한 지 약 2년이 되면서 교회는 500명 규모로 성장했고 교인 수에 비하여 시무장로 5명은 너무 적다는 의견이 대두되면서 새로 2명의 시무장로를 세우자는 안이 설득력 있게 교인들 사이에 회자되고 있었다. 더군다나 기존의 시무장로 5명 중 1명은 오랜 질병으로 장로직을 제대로 수행하지 못하고 있었다. 또한 2명의 무임 장로는 그동안 2년 가까이 교회를 충성스럽게 섬겨오면서 성도들로부터 신뢰와 존경을 받고 있었다. 그런데 내규에 의하면 시무장로는 본 교회에 3년 이상 출석한 자라야 한다는 조항이 명시되어 있었다. 이 내규 문제가 알려지자 당회와 제직회에서는 내규를 바꾸자는 의견이 제시되었고, 특정한 사람을 세우기 위하여 내규를 고칠 수는 없다는 반대 의견이 나오면서 교회에 갈등의 불씨가 서서히 가열되기 시작했다. J 목사는 이번에는 교회의 성장을 위하여 너무 규범에 얽매이지 말고 일꾼을 세우자는 쪽으로 의견을 냈다.

시간이 지나면서 실권을 가진 장로 몇 사람이 자신의 입지가 좁아질까 봐 장로를 새로 세우는 것을 반대하고 있다, 교회의 질서를 무시하고 젊은 J 목사가 자신에게 충성하며 아부하는 사람들을 장로로 세우려고 한다는 등의 비난이 성도들 사이에 나오기 시작했다. 교회가 부흥이 되니까 J 목사가 처음과는 달리 너무 교만해졌다는 소리도 들려왔다. 많은 교인들은 J 목사가 와서 교회가 다시 부흥하는가 싶더니 또 싸움질이 시작되었다고 냉소적인 반응을 보였다. 또한 어떤 이들은 교회의 행정을 장로들에게 맡겨서 좋은 목회자들을 배척하지 말고 이번에야 말로 교인들이 목소리를 내어서 목회자를 보호해야 한다는 의견을 내기도 했다.

그러는 와중에 교회 모임이나 행사 때 편 가르기 식의 모습들이 보이기 시작했고, 급기야는 가을 야외예배 때 불미스러운 일이 일어나고 말았다. 게임을 하던 도중 서로 몸이 부딪치면서 불필요한 오해가 발생했는데, 이것이 사나운 욕설로 발전하면서 몸싸움으로까지 번지게 된 것이다. 이 일을 어떻게 처리해야 할지를 놓고 또 갈등이 생겼다. 한쪽에서는 교회의 거룩함을 보존하기 위하여 엄하게 치리해야 한다고 주장했고, 다른 쪽에서는 야외에 나가서 우발적으로 생긴 일이니 만큼 기도하고 용서함으로써 조용히 처리하자고 주장했다. 그런가 하면 어떤 이들은 당사자인 L 집사의 다혈질적이고 과격한 성품을 아는 일부 사람들이 고의적으로 그를 화나게 해서 일을 만든 것이라고 오히려 상대방을 공격하기도 했다.

그리고 그 다음 주 수요예배 때 출처가 불분명한 유인물이 교인들에게 배포되었는데, 새롭게 시무장로로 추천을 받고 있는 K 장로의 신변에 관한 루머를 담고 있었다. 이 일이 교회에 큰 혼란을 가져왔고, 급기야 J 목사는 임시당회를 소집하여 이 문제를 어떻게 처리할 것인지 의논했다. 하지만 당회는 이 문제를 푸는 것보다 오히려 더 많은 숨겨진 문제들을 드러내기만 했고 아무런 결론도 내리지 못한 채 끝나버렸다. J 목사와 K 장로와의 친분관계로 시작하여 M 장로의 부정직한 사업

내용 및 세금포탈에 이르기까지 많은 이야기들이 나왔다. 당회 모임이 문제에 대한 해결책이나 답을 얻는 것보다 더 많은 문제를 생산하게 된 꼴이 되고 말았다.

결국 그해 가을 노회 때 Z 교회의 분쟁이 노회에 상정되었고, 다음 해까지 시찰회의 목회자들이 파송되어서 중재를 위해 노력했지만 거의 1년 이상 Z 교회는 분쟁의 화염 속에서 벗어나지 못했다.

그러던 중 교회 창립 멤버이면서 갈등의 중심에 서 있던 M 장로의 급격한 심적 변화, 그리고 J 목사와의 눈물의 화해가 있은 후 교회는 회복의 물살을 타기 시작했다.

그때를 회상하면서 J 목사는 이렇게 고백했다.

"그것은 순전히 하나님의 은혜였습니다. 저는 아무것도 한 것이 없습니다. 교회의 갈등을 풀기 위해 장로님들을 만나고 해명하고 설명하면 오히려 문제가 더 어려워졌었는데, 제가 골방에 들어가 하나님 앞에서 저의 교만함과 악함을 고백하면서 은혜를 간구하였을 때 주님께서 그 일을 이루셨습니다."

그리고 이렇게 덧붙였다. "교회의 갈등은 제 자신의 교만과 악함을 꺾으시기 위한 하나님의 훈련 과정이었습니다. 사실 교회가 양적으로 성장하면서 저는 그것이 제 능력에 근거한 것인 줄로 착각하고 있었습니다. 동역자들과 성도들 앞에서는 절대 그렇지 않다고 가장하고 있었지만 마음 깊은 곳에는 제 자신에 대한 자만심과 목회 성공이라는 자아

실현의 바벨탑이 숨어 있었습니다. 처음에 교회에 갈등의 불씨가 일어났을 때 크게 걱정하지 않고 제 능력으로 진화하려고 애썼습니다. 그런데 갈등은 오히려 더 커져버렸습니다. 하지만 설교나 목회 방향을 기본적인 성경 연구와 기도 훈련에 초점을 맞추고 주님의 은혜만 소망하였더니 주님께서 긍휼을 베푸셨습니다."

교회 갈등의 중심에 서 있었던 M 장로는 이렇게 고백했다.
"J 목사님이 오시기 전에 겪었던 교회 분쟁들로 인해 제 마음속에 목회자에 대한 불신이 크게 자리 잡았습니다. 그런데 오해와 불신으로 서로를 받아들이지 못하고 교회가 분쟁의 한복판에 있을 때 저의 부정직함을 공격하는 교인들을 향해 J 목사님이 제가 그렇지 않다고 강변하셨다는 이야기를 전해 듣고 많이 생각했습니다. 저는 사실 교회가 한창 시끄러울 때도 J 목사님은 무엇인가 다르다는 생각을 하고 있었는데, 아마 그것은 자신을 반대하는 사람들도 끝까지 사랑으로 기다려 주시는 것이 아니었나 생각합니다. 그 때문에 제가 가지고 있던 많은 오해들도 풀어지게 되었고, 결과적으로 하나님께서 교회를 다시 하나되게 하시고 부흥하게 하시는 일을 보게 되었습니다. 물론 저희의 허물로 인하여 중간에 교회를 떠나신 많은 교인들에게는 죄송한 마음을 금할 수 없습니다."

극심한 교회의 갈등이 있은 지 6년이 지난 현재 Z 교회는 약 700명의 출석 교인과 40개의 소그룹이 주님 안에서 훈련받고 성장하면서 힘있게 이웃을 섬기는 교회로 자리매김하고 있다.

1. 포기할 수 없는 나의 주 그리스도

이 책을 읽는 독자 중에는 교회 분쟁으로 인해 이미 탈진 상태에 있거나 자포자기하여 목회를 그만두고 싶은 목회자들도 있을 것이다. 혹은 교회 분쟁의 소용돌이에 휘말려 교회를 떠났거나, 깊은 상처를 안고 냉소적이고 회의적인 모습으로 교회에 남아 있는 교인들도 있을 것이다.

거절당한 사람의 좌절

그러면 아직도 우리에게 기회는 있는가? 기회가 있는지 관심조차 없을지도 모른다. 그러나 이 책을 손에 쥐었다는 사실 하나만으로도 회복과 부흥의 기회에 대한 열정이 희미하게나마 있을 것이라고 확신한다.

다 끝난 것 같은데 도대체 어떤 가능성과 기회가 있다는 것인가? 실제로 교회 분쟁과 갈등을 거친 목회자가 안게 되는 가장 큰 마음의 상처는 교회로부터 거절당한 것 때문에 느끼는 배신감이다. 만약 교회 성도들이 담임 목사가 싫어서 후임 목회지도 없는 목회자를 강제로 사임시켜버린다면 그때 목회자가 받는 고통은 상상할 수 없을 정도로 크다. 목회자에게 윤리적으로 큰 결함이 있다든지, 교리적으로 건전하지 못하다면 그것은 분명히 교회를 당장 떠나야 할 문제가 된다. 그러나 대부분 교회에서 일어나는 분쟁의 원인을 살펴보면 성도들이 목회자의 설교 스타일, 목회 방침을 선호하지 않음으로써 발생하는 일이 빈번하다. 흔히 "우리 목사님 설교에는 은혜가 없어"라고 말하는 것을 들어보았을 것이다. 이러한 이유로 교회에서 사임 압력을 받거나 실제로 교회를 떠나게 된 목회자는 깊은 좌절과 실망을 안고 영적으로 방황하게 된다. "주님, 주님께서 주신 것으로 최선을 다했는데 그 결과가 이것뿐인가요?"

상처를 안고 교회를 떠나는 성도들

목회자는 주님의 뜻에 따라 순종하겠다고 다짐하며 확신을 가지고 힘을 다해 목회를 했을 것이다. 그럼에도 불구하고 성도들의 불신, 의심, 분노를 겪었을 수도 있다. '성도들에게 하나님 나라의 상급과 복된 삶을 확신을 가지고 외쳤는데 나에게 남은 것은 하나님의 상급도, 축복도 아니다. 도대체 무엇이 잘못되었는가? 하나님은 정말 살아 계시는가? 부족하지만 주님의 뜻을 따르겠다고 충성했는데, 이것이 정말 공평하신 하나님의 응답인가?' 이런 생각 속에서 좌절의 나락으로 깊이 빠져버릴 수 있다.

그런가 하면 성도들 가운데는 그토록 교회를 사랑하고 주님을 위해서 충성을 다했는데, 윤리적, 또는 교리적으로 그릇된 목회자를 만나서 돌이킬 수 없는 상처를 안고 교회를 등진 사람들도 있을 것이다. 교회의 암적인 고질병을 파악하고 주님의 몸 된 교회를 바로 세워보겠다는 일념으로 목회자와 함께 백방으로 뛰다가 목회자도, 자신도 탈진되어 교회를 옮긴 경우도 있을 것이다. 아마 그런 사람들은 한없는 실망 가운데 주님을 향하여 분노를 느끼고 있을지도 모른다.

당신이 목회자라면 목사직을 버리든지 마셔보지도 못한 술에 흠뻑 취해서 하나님을 저주하고 싶은 마음이 들지도 모른다. 교인이라면 결국 모든 종교란 연약한 인간들이 일시적으로 추구하는 감상적인 소품에 불과하다고 나름대로 결론을 내린 채 교회를 등질 수도 있을 것이다. 예수 믿는 사람과는 만나고 싶지도 않을 것이다.

우리의 곤경과 그분의 약속

그러나 잠깐, 그렇게 하기 전에 마지막으로 해야 할 일이 있다. 먼저 마음 내키지는 않겠지만 성경책을 펴서 요한계시록 21장 7절을 읽어라.

"이기는 자는 이것들을 유업으로 얻으리라 나는 저의 하나님이 되고 그는 내 아들이 되리라."

그리고 로마서 12장 21절을 찾으라.

"악에게 지지 말고 선으로 악을 이기라."

교회의 분쟁이 있었던 지난 오랜 시간들이 실제 사단과의 영적 싸움의 시간이었다. 그렇다면 나는 이 영적 전쟁에서 패배한 것인가?

요한일서 2장 13절 말씀은 이렇게 선포하고 있다. "청년들아 내가 너희에게 쓰는 것은 너희가 악한 자를 이기었음이니라."

요한계시록 3장 21절은 "이기는 그에게는 내가 내 보좌와 함께 앉게 하여 주기를 내가 이기고 아버지 보좌에 함께 앉은 것과 같이 하리라"

는 약속의 말씀을 하고 있다.

주님께서 마지막 심판의 자리에서 이렇게 선포하실 것이다.

"또 여러 형제가 어린 양의 피와 자기의 증거하는 말을 인하여 저를 이기었으니 그들은 죽기까지 자기 생명을 아끼지 아니하였도다 그러므로 하늘과 그 가운데 거하는 자들은 즐거워하자 그러나 땅과 바다는 화 있을진저 이는 마귀가 자기의 때가 얼마 못 된 줄을 알므로 크게 분내어 너희에게 내려갔음이라 하더라"(계 12:11, 12)".

마지막 하나님을 불신하고 그분을 떠나고 싶은 이 순간에 예수 그리스도의 대속하심과 그 피의 증거를 통해 마귀를 이겨야 한다.

"주님 제 삶이 이렇게 만신창이가 되었고 목회 사역에는 아무런 소망도 남아 있지 않습니다. 그러나 저는 주님을 떠날 수 없으며 주님을 배반할 수 없습니다. 주님, 아직도 저는 주님을 사랑합니다."

그렇다. 주님께서는 지금 당신에게서 이 고백을 기다리고 계신다. '그리 아니하실지라도' 라는 다니엘의 세 친구의 고백처럼, '없을지라도' 라는 하박국의 고백처럼, "주님, 이 고통과 실패의 한복판에서도 저는 여호와를 인하여 즐거워하며 나의 구원의 하나님을 인하여 기뻐하겠습니다" 라는 위대한 믿음의 고백을 드려야 할 때이다. 고백을 통해 마귀는 쫓겨 가고 하나님께서 주시는 평안이 임할 것이다. 그리고 세상을 이기신 주님께서 당신의 고통과 슬픔 가운데 찾아오실 것이다. 할렐루야!

"이것을 너희에게 이름은 너희로 내 안에서 평안을 누리게 하려 함이라 세상에서는 너희가 환난을 당하나 담대하라 내가 세상을 이기었노라 하시니라"(요 16:33).

2. 건강한 나와 교회의 모습에 대한 소망과 믿음

우리는 그동안 교회 갈등이라는 어둡고 무거운 문제들을 다루어왔다. 그러나 복음이 그러하고 하나님의 약속이 그러하듯이 신앙인에게는 항상 해피엔딩이 기다리고 있다. 내가 원하느냐 원하지 않느냐에 상관없이 주님께서는 우리의 삶에 해피엔딩을 계획하고 계시다. 그동안의 실망스럽고 고통스러운 교회 갈등을 통과한 당신은 분명 그리 멀지 않은 장래 어느 시점에서 아래와 같이 건강한 모습으로 교회생활을 하고 있을 것이다.

첫째, 하나님께 최고의 가치와 영광을 드리며 감격 속에 예배하는 당신의 모습을 소망하고 믿으라. 당신 혼자가 아니라 신실하게 성별된 거룩한 성도들과 함께 예배하고 있을 것이다. 이것은 주님께서 당신을 향하여 정하신 당신 삶의 목적이기도 하다.

둘째, 활짝 열린 마음으로 서로 교통하며 섬기는 당신의 모습을 소망하고 믿으라. 목회자에 대한 존경심이 있고, 성도 간에 따뜻함과 다양함을 받아들이는 친절함이 있고, 적극적인 대화의 창구가 활짝 열린 교회의 모습을 바라보라.

셋째, 나의 가정과 교회와 이웃들에게 감화를 끼치며, 영향력을 끼치는 증인으로 살아가는 당신의 모습을 바라고 확신하라. 지역사회와 열방을 향하여 복음의 능력을 가진 교회 속에서 함께 전진하는 당신과 신실한 형제들의 모습을 그리라. 서로 돌아보아 앞에서 이끌며 뒤에서 밀어 주는 사랑과 평화의 공동체를 꿈꾸며 확신하라.

넷째, 연약한 자들이 들어와서 치유되며 회복되는 교회를 꿈꾸라. 말씀과 교육을 통하여 세워져가는 교회에 당신이 속해 있다는 것으로 감격하게 될 것이다. 영적, 정신적, 육체적인 치유 사역, 다시 말해서 전인적인 치유 사역이 이루어지는 것을 보며 하나님께 감사하게 될 것이다.

마지막으로, 천국의 기쁨을 미리 맛볼 수 있는 축제의 분위기 속에서 교회를 드나드는 모습을 소망하고 믿으라. 유머가 있으며 여유가 있고 쉼이 있는 교회에서 당신이 섬기고 있는 그날의 그림을 믿음으로 그려 보라. 그리하여 이제 이 마지막 장을 통해 주님의 약속을 붙잡고 부흥의 길로 나아갈 수 있는 우리 모두가 되기를 바란다.

3. 우리에게 맡기신 새로운 사명

최근에 나는 고통스럽고 괴로웠던 나의 목회 경험이 유사한 교회 갈등과 분쟁 과정을 거치며 지치고 낙심하여 상처 입은 다른 목회자들을 위로하고 치료하는 데 쓰일 수 있다는 사실을 발견했다. "나의 상처가 다른 사람들의 상처를 치유하는 데 쓰일 수 있다"는 개념은 우리가 잘 아는 영성 신학자이며 예일 대학교 교수로 있었던 헨리 나우웬의 『상처 입은 치유자(The Wounded Healer)』, (두란노)라는 저서에서 나온 것이다.

오늘은 상처, 내일은 훈장

헨리 나우웬은 그의 책에서 메시아는 가난하고 궁핍하며, 자신의 상처를 스스로 싸매고 있는 이들 가운데서 찾을 수 있다고 말했다. 이는 교회 분쟁의 소용돌이 속에서도 신앙 안에서 영적으로 성장하기를 원하는 상처 입은 목회자들 가운데 바로 치유자가 있음을 가리키는 것이라고 볼 수 있다.

실제로 나는 교회 갈등이라는 길고 긴 터널을 빠져나온 후에 만신창이가 된 상태에서 나와 비슷한 문제로 고민하는 동역자를 만났던 적이 있다. 그 목회자 가정은 교회가 자신에 대한 신임투표를 감행하자 교인들에 대한 실망과 좌절감을 경험했다. 그래서 목회를 계속할 것인가, 아니면 교회를 떠나 다른 직업을 선택할 것인가 하는 고민을 안고 있었다. 막다른 골목에 다다른 듯한 절박한 심정을 가지고 그들의 문제를 나누던 그 목회자 내외가 내 경험을 들으면서 새로운 소망과 격려를 얻는 것을 발견했다. 그들뿐만이 아니라 나도 같은 목회자로서 고통과 상처를 나누면서 많은 치유와 위로를 받았다.

그렇다. 우리가 우리의 문제에만 집중하고 있던 시선을 옮겨 주변의 상처 입은 목회자들에게 관심을 가지고 그들을 돕는 일에 초점을 맞출 때 실제로 그들을 돕는 것뿐 아니라 우리 자신이 치유되는 놀라운 경험을 할 수 있다.

잿더미 위에서 일어나는 새로운 부흥

교인에게도 같은 원리가 적용된다. 지금은 마지막 때라 교회마다 갈등과 분쟁으로 얼마나 많은 영혼들이 상처를 입고 교회를 옮기거나 등지는지 알 수 없다. 조금만 관심을 가지면 주위에 이와 같이 상처 입은 장로, 집사, 형제, 자매들이 많이 있는 것을 발견할 것이다.

먼저 당신이 어떻게 교회 갈등을 통하여 신앙적으로 성숙하게 되었으며 무엇을 깨달았는지 점검해보라. 말씀 앞에 순종하여 경험한 영적 승리를 붙잡으라. 그리고 주위에 쓰러져 있는 형제, 자매들을 일으켜 세우라. 그들의 연약한 손을 붙잡을 때, 나에게 주시는 주님의 놀라운 회복과 부흥을 체험할 것이다. 지금 당신과 당신의 주위에 하나님의 부흥이 일어나고 있다.

신앙생활은 하루나 이틀, 혹은 1~2년 안에 결론이 나는 것이 아니다. 주님께서 부르실 그날까지 계속되어야 하는 삶이다. 마찬가지로 교회 갈등도 한 번으로 끝나는 것이 아니다. 그러므로 자신의 사역과 신앙생활을 위한 지속적인 지원그룹을 만들어야 한다. 특히 교회 갈등이나 분쟁을 겪을 때뿐 아니라 항상 사역을 기도로 지원할 수 있는 기도 팀을 조직해서 기도 후원을 요청해야 한다.

이어서 상처 입은 목회자를 위한 전문적인 수련회를 교단별로, 또는 지역별로 추진하는 일이다. 필요한 영성 훈련부터 시작하여 리더십 훈련, 상처 치유, 영적 탈진을 방지하기 위한 교육 등에 이르기까지 다양한 프로그램을 통해서 교회 갈등으로 낙심하고 절망에 빠진 목회자들을 일으키는 일은 불타오르는 소명감으로 신학교 문을 두드리는 예비 목회자들을 교육하는 것 이상으로 중요한 일이다.

마지막으로 위에서 간헐적으로 언급한 바와 같이, 교회 갈등을 예방하고 치유하며 훈련하는 독립적이며 전문적인 사역이 한국교회에도 시작되기를 소망한다.

■ 맺는말

교회 갈등을 부흥의 불씨로 바꾸라

교회 갈등을 정리하면서 내린 한 가지 결론이 있다. 우리에게는 교회 갈등을 부흥의 불씨로 만들거나 바꿀 수 있는 능력이 전혀 없다. 놀랍게도 하나님께서는 오늘도 주님의 교회를 성장하며 부흥케 하시려고 갈등을 허락하시며 분쟁의 불씨들을 그분의 능력으로 끄지 않으신다. 자신의 궁극적인 뜻, 곧 영원하신 목적 속에서 오늘도 하나님께서는 교회 갈등을 회복과 부흥의 불꽃으로 바꾸고 계신다.

우리는 다만 그분이 하시는 일에 믿음으로 반응할 뿐이다. 그러하기에 이 책의 제목은 바뀌어야 한다.

"교회 갈등을 부흥의 불씨로 만드시는 하나님의 손길에 믿음과 지혜로 반응하라."

이것이 오늘 교회로 부르심을 받아 주님의 교회를 섬기는 우리가 져야 할 책임이며 할 일이다.

■ 참고 도서

〈국내 도서〉

더크 뮤렌,『치유하는 교회』, 홍성사, 2002.

데이빗 씨맨즈,『상한 감정의 치유』, 두란노, 1986.

빌 하이벨즈,『하나님께 정직하십니까?』, 바울, 2005

빌 하이벨즈,『누가 당신을 이렇게 아름답게 변화시켰지』, 바울, 1993.

손경구,『기질학습과 영적 성숙』, 두란노, 2003.

오브리 멜퍼스,『역동적 교회 리더십』, 엘맨, 2001.

오스왈드 샌더스,『영적 지도력』, 요단, 1982.

윌리엄 디엄,『감동을 창조하는 인간관계』, 프리셉트, 1998.

존 맥스웰,『리더십의 21가지 불변의 법칙』, 청우, 1999.

존 맥스웰,『리더십 101』, 청우, 2002.

플로렌스 리토어,『인간관계 이렇게 하면 쉬워진다』, 비전북, 2003.

필립 얀시,『아, 내 안에 하나님이 없다』, 좋은씨앗, 2000.

필립 얀시,『하나님 당신께 실망했습니다』, 좋은씨앗, 2000.

헨리 나우웬,『영적 발돋움』, 두란노, 1998.

헨리 나우웬,『영혼의 양식』, 두란노, 1997.

홍광수,『기질로 읽는 내 삶의 프로파일』, NCD, 2003.

〈국외 도서〉

Crabb, L., *Understanding People*, Zondervan Publishing House, 1987.

Dale, R.D., *Pastoral Leadership*, Abingdon Press, 1986.

Greenfield, G., *The Wounded Minister*, Baker Books, 2001.

Halverstadt, H.F., *Managing Church Conflict*, Westminster / John Knox Press, 1991.

Haugk, K.C., *Antagonists in the Church*, Augsburg Publishing House, 1988.

Keating, C., *Dealing with Difficult People*, Paulist Press, 1984.

Leas, S., *Moving Your Church Through Conflict*, The Alban Institute, 1986.

Lewis, D., *Resolving Church Conflict*, Harper & Row Publisher, 1981.

Moeller, R., *Love in Action*, Questar Publishers Inc., 1994.

Peters, D., *Surviving Church Conflict*, Herald Press, 1997.

Phelps, J., *More Light Less Heat*, Jossey-Bass Inc., 1999.

Rediger, G.L., *Clergy Killers*, Westminster / John Knox Press, 1997.

Richardson, R.W., *Creating Healthier Church*, Augsburg Fortress, 1996.

Shelley, M., *Well-intentioned Dragons*, Bethany House Publishers, 1985.

Susek, R., *Fire Storm*, Baker Books, 1999.

Yperen, J.V., *Making Peace*, Moody Press, 2002.

극동방송 주님을 찬양하며
Praise Songs in English 진행자
정경주 사모의
삶의 고비고비마다 승리의 고백!

"하나님이 하셨어요"

목사 사모로, 찬양 사역자로, 방송인, 교수, 두 아들의 엄마로
살아 계신 하나님과 동행하며 체험한 생생한 간증!

검색창에 하나님이 하셨어요 를 쳐보세요

긍정적인 엄마의 자녀는 잘 됩니다

긍정적인 엄마가 되는 7가지 원리 제시!
긍정적인 엄마의 파워 THE POWER OF A POSITIVE MOM
자녀에게 당신은 어떤 엄마입니까?
자녀와 가정을 생애 최고작품으로 만들게 합니다.

긍정적인 아내의 남편은 잘 됩니다

긍정적인 아내가 되는 7가지 원리 제시!
긍정적인 아내의 파워 THE POWER OF A POSITIVE WIFE
자녀에게 당신은 어떤 아내입니까?
남편과 가정을 생애 최고작품으로 만들게 합니다.

12년 연속 세계 최고 제1의 부자 - 세상의 성공을 신앙인 입장에서 조명한 책!

빌 게이츠의 성공 속에 숨겨진 11가지 비결

빌 게이츠 성공의 씨앗을 청소년에게
성공체질
11가지 생활법칙

빌 게이츠 성공의 씨앗을 청년들에게
성공인생
11가지 생활법칙

빌 게이츠 성공의 씨앗을 기업인들에게
성공기업
11가지 생활법칙

나침반출판사가 발행한 이동원 목사 설교집 56권 일괄 구입 안내

① 이렇게 기도하라 ② 이렇게 살라 ③ 이렇게 행하라 ④ 이렇게 찾으라 ⑤ 이렇게 믿으라 ⑥ 이렇게 성숙하라 ⑦ 이렇게 섬기라 ⑧ 이렇게 사랑하라 ⑨ 이렇게 증거하라 ⑩ 이렇게 사귀라 ⑪ 이렇게 분별하라 ⑫ 이렇게 삶을 보라 ⑬ 이렇게 풍성하라 ⑭ 이렇게 선택하라 ⑮ 이렇게 밤을 지나라 ⑯ 이렇게 자유하라 ⑰ 이렇게 고난을 이기라 ⑱ 이렇게 사역하라 ⑲ 이렇게 예언하라 ⑳ 예루살렘에서 땅끝까지 ㉑ 하늘가는 밝은길 ㉒ 열두돌 열두돌 ㉓ 당신은 안녕하십니까? ㉔ 성단을 준비하셨습니까? ㉕ 비유로 말씀하시더라 ㉖ 거기 너 있었는가 ㉗ 절망의밤에본 비전 ㉘ 나를 소개합니다-예수 ㉙ 하나님의 마음에 합한 사람 다윗 ㉚ 기나안 정복의 영웅 여호수아 ㉛ 역사와 새벽을 가져온 사람 느헤미야 ㉜ 하늘 문을 열고 닫은 사람 엘리야 ㉝ 믿음의 뿌리된 사람 아브라함 ㉞ 첫 믿음의 계승자들 이삭 야곱 요셉 ㉟ 주height에게 친히 아닌 사람 모세 ㊱ 미움이 있는 곳에 사랑을 ㊲ 이렇게 믿음을 계승하라 ㊳ 이렇게 종말을 대비하라 ㊴ 마지막 계시 마지막 책읽기 ㊵ 마지막 싸움 승리 ㊶ 옛창조에서 새창조에로 ㊷ 행하는 그 길 인하여 나를 믿으라 ㊸ 이렇게 시대를 극복하라 ㊹ 서로가 서로를 위하여 ㊺ 골고다에서 본 예수의 삶 ㊻ 환희의 삶을 위하여 ㊼ 이렇게 기뻐하라 ㊽ 인간적인 너무나 인간적인 제자 베드로 ㊾ 하나님을 감동시킨 사람들의 기도 ㊿ 도망가다 얻어맞고 은혜받은 사람 요나 ⑤① 이렇게 주안에 살라 ⑤② 이렇게 복되어라 ⑤③ 이렇게 사랑을 모험하라 ⑤④ 기막힌 하나님의 간섭 ⑤⑤ 거룩과 회복의 비전 ⑤⑥ 이렇게 너의 성전을 거룩 되게 하라

www.nabook.net ☎ (서울)2261-0691

공부도 잘하고 영성도 깊은 큰 사람되는 12가지 비결 제시!

| 이 | 한 | 수 | 목 | 사 | 의 |
파워 학습법

성수주일, 새벽기도하면서도 명문대에 합격한 체험담!
성적이 하위권인 학생이 두 학기만에 전교 1등한 체험담!
수능점수 막판 뒤집기 / 매일 영어 200단어 암기 전략!

12가지 비결 제시!
1. 인생의 목적을 세워라!
2. 대가를 지불하라!
3. 과거에 사로잡히지 말라!
4. 공부의 기본원칙을 알라!
5. 성경을 읽으라!
6. 뇌세포를 활용하라!
7. 하나님의 사랑을 알라!
8. 하나님께 점수를 따라!
9. 하나님을 위해 준비된 사람이 돼라!
10. 목표를 이루는 길은 여러 가지임을 알라!
11. 파워학습법을 알라!
12. F.Q.로 승부를 걸라!

주님은 자신의 상처로 우리의 상처를 고치십니다

마음의 상처를 십자가로 가져가라!

상처를 그리스도의 십자가로 가져가는 것보다 더 효과적인 치료법은 없다.
주님께서 자신의 상처로 우리의 상처를 치료하시며 변화시키기 때문이다.

▶ 스테판 씨맨즈 | 10,000원

교회 내 갈등

지 은 이 | 박혜성
발 행 인 | 김용호
발 행 처 | 나침반출판사

발 행 일 | 2006년 9월 1일

등 록 | 1980년 3월 18일 / 제 2-32호
주 소 | 110-616 서울 광화문 사서함 1641호
전 화 | 본 사 (02)2279-6321~3
　　　　　영업부 (031)932-3205
팩 스 | 본 사 (02)2275-6003
　　　　　영업부 (031)932-3207

홈 페 이 지 | www.nabook.net
이 메 일 | nabook@korea.com
　　　　　nabook@nabook.net

ISBN 89-318-1350-3
책번호 마-4044

값은 뒷표지에 있습니다.

나침반출판사는 우리를 구원하신 아름다운 주님을
21세기 문명의 이기(利器)를 통하여 널리 전하고 싶습니다.